一頁又人間

馬西屏 著

【序】用文字拂拭人間塵埃

星雲

美國知名報人普立茲曾說：「評論是報紙的心臟。」可見評論在一份報紙中的地位與重要。

當初《人間福報》創刊時，我就對評論特別重視，希望成為「福報」的一項特色，所以對主筆的網羅格外謹慎。我的好朋友陸鏗先生特別鄭重向當時的永芸總編輯推薦馬西屏教授，因此在福報創刊不久，馬教授就加入主筆陣容，固定每星期寫一篇社論，以及「慧眼集」短評。馬教授曾在中央日報服務多年，從記者、主任、到副總編輯，當年中央日報開闢「諤諤篇」短評，受到廣泛好評，我也常常看，後來永芸告訴我，「諤諤篇」就是由馬教授執筆。

民國九十二年起，為了給讀者更好的內容，更佳的視野，福報全面改版，在三版開闢了「人間世」短評，邀請馬教授執筆。

每天寫短評並非易事，必須文思敏捷，眼光讀到，才能找到讀者關心的題目。其次，必須有博與專兼具的學識、有高而遠的見解，下筆行文有創見、有寓意、有建言、有思想，讓讀者產生深獲我心的共鳴，短評才產生了意義。然後要在有限的篇幅中，展現高妙的文筆，讓讀者在理性的思辨中，獲得感性的滿足。馬教授就有這樣的才情，論事評理，直捷曉暢；下筆文辭駢麗，體兼華藻，所以「人間世」短評叫好又叫座，成為《人間福報》三版的閱讀焦點，深獲許多讀者的喜愛。

尤其是永芸告訴我馬教授在一整年中，無論是出國、生病、或是臨時有急事，都從沒有中斷過「人間世」的寫作，這更不容易。

佛光山很重要的精神是以文字弘法，「筆」的力量是很大的，當年我就是寫了《玉琳國師》、《釋迦牟尼佛傳》、《觀世音菩薩普門品》等書，用版稅所得買下了佛光山的土地，所以佛光山是「寫」出來的，一直到現在，我在忙碌的弘法行程中，仍要與讀者結文字緣。希望透過寫作，讓廣大的讀者能讀做一個人、讀明一點理、讀悟一點緣、讀懂一顆心。

馬教授曾擔任台灣商務印書館總編輯，現在又被永芸拉到香海文化出版社，幫孟樺的忙；而且馬教授也常參加佛光山的各項活動，擔任許多演講的講座；曾經在韓國與馬教授相遇，他竟然擔任「福報法寶團」的領隊，與佛光山的緣愈結愈深。拿破崙說筆的力量比劍還厲害，筆能征服劍，盼馬教授能繼續以文字般若傳播法喜，用文字拂拭人間塵埃，舉如椽之筆發獅子吼，起振聾發聵之效，收頑廉懦立之功，讓人間滿福報、福報滿人間，這才是佛光山辦《人間福報》的本意。現在馬教授將去年一年所寫的「人間世」，擇選一百篇結集出書，賀馬教授新書出版，特為之序。

【作者序】

看遍人間、又見人間

《一頁又人間》出版，內心感觸很深。

「人間世」短評自民國九十二年元月一日，在《人間福報》首刊以來，九十二年與九十三年，連續兩年都是一個人執筆，每天要找題材寫稿，形成一種甜蜜的負擔，卻樂此不疲，因為獲得大師的賞識、以及讀者的好評，是一直寫下去的動力。

直到九十四年開始，「人間世」改為一星期見報五天，並加入陳正毅先生，我負責周二、三、四見報，正毅兄則負責周一、五。我與正毅兄曾共事多年，並蒙他指導甚多，所以兩人對事情的看法與理念極為接近，筆法也相似，讀者並沒有感覺有所變化。

這本書收的大約是從一年半的短評中，選了百篇上下，其中好多篇造成了極熱烈迴響，對寫作者而言，受到青睞是最甘美的榮寵，是一輩子不會忘記的喜悅，是繼續寫下去的力量。

其中〈首富的貧窮〉一文，曾經在網路上熱烈大量的轉寄，一時之間頗有「洛陽紙貴」的味道。有一天老妹轉寄給我，說一定要看，我告訴她是老哥寫的，她在電話那頭大笑不已，後來她告訴老爸，老爸幽默的說：「妳老哥會寫，自己都做不到。」後來有學生也轉寄來，得知是老師寫的後，告知有那些網站有轉貼，寫作最大的快樂與意義，全在這裡了。

還有一篇〈你在叩我嗎？〉也受到網路朋友的喜愛，不但轉寄，還在許多的網頁轉貼，也成為一些網站的討論話題。因為有讀者，文字才產生種種可能。

當初選擇「人間世」為名字，因為《人間福報》存在的最大意義，在關懷人間、守望人間、與世人同呼吸，與世界同脈動。但是寫評論，不能只寫明朗燦麗的一面，也要寫靈魂幽暗的一面，但是在進入幽暗事件後，重要的是用文字一起守候陽光，找到明朗燦麗的方向。

這是本書主要的風格，收錄的也以此為基調。

為了每天找題目，常要看遍各報，評心而論《人間福報》真是台灣最好的報紙，別的報紙讀得心中充滿陰霾，拿起福報就明亮了起來，所以能在這樣的報紙上寫短評，是一種幸福，政治人物都應該訂一份。三年來評盡了風流人物，論遍了浪濤起伏，深深覺得無論如何妝扮，最重要的是格調，人能風動一時，在格調，不在地位；地位雖高；無格調，何得風動一世？

報紙是歷史的一部分，短評或許只有一天的生命，但是文字會流傳下去，時間會風化流言、歷史會淘汰虛矯，任何人都將在歷史前過磅，你有多少斤兩，歷史會磅的一清二楚的。

目錄

卷二 為大愛而生

卷三 腹有詩書氣自華

卷四 感恩天地開

卷五　幸福遇見我

卷一

生命後照鏡

維他命L

最近台北市立忠孝醫院舉行了好有意思的比賽，比學測作文看圖說故事還有趣，就是讓醫師進行「病歷寫作比賽」，每個月選出一名病歷寫作最佳的醫師，頒發五千元獎金鼓勵。

前陣子發生醫師偷懶不查房事件，醫師形象大受損傷，所以忠孝醫院的舉措格外溫馨有意義。

平心而論，醫師寫病歷，實在像是「鬼畫符」，外行看起來像是天書。醫師用心寫病歷，是對病人的另類關懷，更是對病人的尊重，關懷病人其實就是對自己的尊重，對自己工作的尊重。

許多人認爲醫師是最接近宗教的職業，宗教是心靈的急診，而醫師是身體的救治。所以小小的診間就是廟、是教堂，醫師應具備宗教家的情懷，以愛與人爲善、以關懷聞聲救苦，小小的診間擺設一成不變，但流動的生命與風景，卻繁複多變，醫師置身其間，重要的是同體大悲的感受，聽病人訴說病情，只是一疊瑣碎的句子；感受病人說話，即會是一段交流的時光。去感受，會聽到自己心中的樂章；能感受，就會勤於查房、就會好好寫病歷，就會愛上你自己，爲心中滿滿的溫情所喜悅，這才是醫師工作最大的回報。

好好地寫病歷吧！除了替病人寫下藥品外，也替自己補充一些維他命L（Love），它的成分包括了關懷、溫情、還有快樂。

停一停、讓一讓

我們在馬路上開車，常常看到八角形的「停」標誌或地面標字，這時應該先慢慢停車，環顧四周，確定安全無虞再起步；看到倒三角形的「讓」標誌或地面標字，則應減速讓幹道車輛優先通過，才可續行。但是，在台灣這是天方夜譚？台北市決定看到「停」、「讓」標誌而不停不讓者，九月起開罰，違者將處六百元至一千八百元罰款。這個最新的措施很有意思。

凡是到過北歐或英國的人，都可看到駕駛人習慣性的停與讓，而且在停與讓的過程中，獲得路人的感激，於是對自己的行爲，產生一種欣賞、甚至享受的美感，如此開車竟開出了歡喜。

人生其實更是如此，我們在全力衝刺時，不能拚命的前衝，要懂得停與讓。

懂得「停」是一種智慧，俗話說「休息是爲了走更遠的路」。例如當我們在憤怒時，「停」最重要，讓憤怒等一下，讓理智跟上來；更大而言，當我們在追逐名利的過程中，常常要停一下腳步，讓自已的靈魂能跟上來。

懂得「讓」是一種慈悲，自從達爾文提出「物種以競爭爲目的」後，人類從此相爭不休，一旦「爭」就有了得失、有了取捨、有了計較，所以踩煞車的刹那，能「讓」就是不爭，不爭就進入慈悲柔和的境界了。

九月後，開車要懂得停與讓，也讓我們同時學習生命的停與讓。

用「福」照「亮」社會

滿版的政治新聞，淹沒了周福亮。在地方新聞版找到周福亮，這是媒體的墮落，也是台灣社會的墮落。

總統府前激情抗議時，北二高信義支線發生工地坍塌意外，周福亮駕駛的混凝土車本在安全地點，但是他不願隔岸觀火，一定要衝入火中與同伴比肩。因此，在意外發生第一時間，衝進隧道協助搶救，沒想到遇上第二次坍塌，被鋼筋土石及施工鋼架壓埋致死。

周福亮的妻子羅孝娟雖然哀慟不已，但得知其夫第一個衝進隧道內救人的英勇行爲，還是感到驕傲。

一個社會的脊椎不是政治人物，而是由無畏、正義、勇敢所支撐；有這種力量，社會才能站得挺直昂揚，才顯得偉大。周福亮的衝，不是匹夫之勇，不是血氣方剛，而是被體內的義氣所激盪，被情感所鼓動，就像聽到號角的戰馬，忍不住奮蹄長嘶。

犧牲奉獻是人性中最美的情操，社會中最重要的連結，如果社會重視這種行爲，媒體注意這種勇氣，周福亮能上頭條，這個社會才有希望。但是，政治人物眼光卻都在總統府前廣場，連一句讚揚都吝嗇；媒體忙於挑撥情緒，連版面都給的小氣。

周福亮用福照亮社會，忽視他的政治人物或媒體，都算是一種嚴重的失職。

告別憂鬱

憂鬱症是現代高度競爭社會的產物，隨著憂鬱症患者的日益增加，導致自殺人數逐年上升，目前已成為青壯年人口的第三大死因。《人間福報》論壇版這幾天探討了憂鬱症的種種問題，受到讀者的關注與熱烈討論。

對抗憂鬱症，上策是培養自己樂觀積極的思想，以奮進對抗消沉、用歡喜對抗煩惱、以信心對抗失意、以希望對抗低落，將負面的思想拋開，心胸一寬闊，自然就無事了。

中策是培養良好的嗜好，例如讀書、親近善知識、養花蒔草，智慧就滋生出來；多參加活動，多與朋友往來，喝喝咖啡吃吃茶，增加生活情趣；或者親近宗教，在宗教中得到鼓勵、獲得安寧喜悅、求得平靜祥和，所有的不如意都化爲烏有。

下策是當自己有憂鬱的症狀時，不要忌諱求醫，不要怕讓家人知道，應讓醫生與家人陪伴走過生命的低潮。讓別人與自己同行，讓家人拉一把，讓醫生揹著你，千萬不要一個人孤獨寂寞的啃蝕生命。

簡單的說，憂鬱是心的黑暗，對抗之道就是打開一扇窗，讓陽光進來。鐵絲總是在生鏽的地方彎曲，心也是。多看《人間福報》吧！

無名小卒

義大利一名駕駛人對停車場管理員說：「你是無名小卒」。結果法院裁定這句話構成誹謗，判處三百歐元罰金、外加五百歐元訴訟費用。這條新聞因爲有趣，所以上了國際媒體，成了世界笑談。

中國人一向好名，也喜爭排名，所謂「名利」，名在利之前，所以說「三代之下無不好名者」。但是出名，總要出個好名；出名，總要留個清名在乾坤。現在很多人爲了出名，卻樣子難看。作奸犯科者就不用說了，這種人出名還是被動的，不像有些人爲了出名，手法千奇百怪，立法委員就是其中厲害角色。

不論是那種「名」，太有名也非好事。欹器以滿覆、撲滿以空全。蘇東坡入獄，其弟蘇轍高呼：「東坡何罪？獨以名太高。」就因名氣太大，於是被妒嫉的小人拳打腳踢。這種鏡頭不是一再地在我們社會上演？你的名氣越大，背後就有萬箭待發。何況太有名，還要當心狗仔隊，太累了。

人心想不礙無窒，還是要能看輕虛名，擺脫心中的名韁利鎖，放下虛矯身段。坦蕩自在，虛名不縈懷於心，方能寵辱不驚，去留無意，人生瀟洒適意。

若你被罵「你是無名小卒」，這是罵人嗎？謹以菜根譚相贈：「風來疏竹，風過而竹不留聲；雁渡寒潭，雁去而潭不留影。」這才是對「名」的最高境界。

在歷史前面過磅

中國人是最喜歡蓋棺論功過的民族，從春秋開始到司馬遷做史記，史官秉如椽之筆，論當政功過，也讓東帶立朝之士，不敢有所逾越，只盼光耀史冊，留個清名在人間。所以當鄧小平當權，立即以「三七開」，替毛澤東功過拍板定案。

最近因爲兩蔣移靈的事件，坊間又熱門的替兩蔣論功過，那麼兩蔣的「政治開本」是幾開呢？世界上任何政治領導人都有功有過，兩蔣也是如此。但遺憾的是，當前現象兩極化，崇拜者化了太濃的妝，模糊了歷史本來面貌；而詆毀者又卸妝得太粗魯，成了大花臉。在媒體前，大家侃侃而談，都以政治立場與意識型態做畫筆，素描兩蔣畫像，卻呈現出失眞面貌。

這就是台灣當前最大的問題，大家不能理性客觀的論功，不能公正不阿的評過，都沒有眞誠面對歷史的胸襟，更沒有尊重歷史的雅量與氣度，竟然每個人都可以解釋歷史，每個人都可以將歷史定位。

兩蔣對台灣當然有功，但是也有過，有功不必打壓，有過不必隱諱，以史料爲經、以事實做緯，在歷史的冊頁中，明確定出兩蔣的定位，這才是應有的態度。捧得太過與罵得太兇，都不負責。

時間會風化流言，歷史會淘汰虛矯，任何人都將在歷史前過磅，你有多少斤兩，歷史會磅的一清二楚的。

股市順口溜

「博達案」坑殺投資人，多少菜藍族血本無歸，欲哭無淚。而在大陸，由於中共「讓一部分人先富起來」的政策，這幾年股市之熱，不亞於台灣，但是股民也經歷了「資本主義」的痛楚。鄭百文、東方、棱光等案，讓股民都成了「壁虎」，手中股票變成了「壁紙」。不過，大陸人頗能苦中作樂，用一向流行的順口溜，道出了股市的辛酸，倒有令人深思的地方。

大陸股市剛開始時，是「人頭濟濟證交所，酒香陣陣宴會樓，夢中理想何處是，大排檔上使人愁。」一片榮景。

在大陸股市中，獲利最大、風險也最高的是所謂的「ST」股。此類股票財務異常，遭特別處理，類似台灣的全額交割股。不少大陸股民買進ST股，完全基於「上市公司排成隊，一起擠入重組隊，贏利倒是沒學會，誰說ST沒地位！」的賭博心態。

不過，ST公司成了「死踢」公司，死了還要踢菜藍族一腳：「上市公司會戲法，變著法子誆大家。圈來銀子好玩樂，三陪小姐笑哈哈！」道盡了哀鴻遍野的無奈。順口溜讓人失笑，笑過了，卻抹下一把淚。

如果這篇短評你看了也失笑，那麼就少做炒作的發財夢，人生才能笑到最後，否則「股市散戶像三賠，一賠時間二賠錢，三賠精力丟正業，換來苦惱一大堆！」何苦來哉？

行佛

這幾天社會上為了大樂透，陷入一種瘋狂的境地，到寺廟求神拜佛人滿為患，各種神蹟沸沸揚揚，大家都希望能獲得神明的保佑。

其實這正好與佛法相違背。什麼是佛法？我們的內心世界如果很自在、很幸福、很平靜、很智慧、很慈悲，就進入佛法的境界；然後更進一步，發心幫助他人，讓生命的花朵綻放芬芳，就進入行佛的層次。拜佛，最忌陷入外境迷思，平添煩惱。

星雲大師常說不僅要拜佛、求佛、學佛，最重要的是要行佛，要一心一意「行佛之所行」。行佛，不但不計較別人給我什麼，而是我還要能給人什麼，哪怕給的是一個笑容、一句好話、一件好事、一點原諒、一聲道歉，那你就慢慢地富有起來。能給予，就是富。大家都能給予，整個社會就都富有起來了。

星雲大師說過一個故事。有一隻小狗老是轉圈子，大狗問：「爲什麼你老是轉圈子？」小狗說：「聽說狗的幸福在尾巴上，所以我要繞圈子，不斷地努力咬到尾巴。」大狗說：「其實幸福不在尾巴上，何況在不在尾巴並不重要。只要你往前走，尾巴就跟著你走，幸福就跟著你。」

拜佛求明牌，就是繞圈子，徒然原地打轉。幸福是一個方向，不是一組號碼。行佛就是最美麗動人的幸福。

艾利颱風

從前天晚上到昨天凌晨，大家真是經歷一場驚心動魄的「震撼教育」，風狂雨驟、地動山搖、橋斷樹折、屋傾路摧。在風的呼嘯與雨的敲打聲中，讓人徹夜難眠。

對於艾利颱風，很多人心中都在咒罵。其實颱風是大自然的一環，誰也無法逃避，與其浪費精力抱怨，不如起而面對，尋求對策，將傷害降到最低。甚至，如果這次受到損失，如何在未來彌補，才是更重要的課題。

在颱風夜看棒球轉播，看到日本隊輸了。中華與日本兩支號稱「夢幻棒球隊」，紛紛失利，很多球迷也在咒罵。如何將對棒運的傷害降到最低，如何在未來再起，展現永不言敗的勇氣，與面對颱風不是同樣的哲思嗎？

天氣正是人生的演繹，沒有人的一生皆陽光順遂，也沒有人一輩子淒風苦雨，總是晴雨交錯、順逆雜沓，正所謂「天之機緘不可測，抑而伸，伸而抑，皆是撥弄英雄，顛倒豪傑處。」有風雨，才顯出陽光的可貴，不是嗎？

想想昨天風雨交加的恐怖，提心吊膽的驚魂，漫漫長夜的守候，還不是度過了？人生沒有度不過的颱風，沒有衝不過的風雨，沒有走不完的黑夜。

颱風的衛星雲圖，其實就是一門人生的課程，晴雨變化無常，生命在其中成熟。

曲終（奧運有感十一）

雅典奧運十七天的輝煌與盛會，半個月的激情與吶喊，終於落幕。中國大陸在閉幕典禮中，由導演張藝謀先生以融合少林寺高深武藝的中國式演出，迎接奧林匹克五環旗，向世人宣告四年後北京見！

競技，有得有失，有勝者一定有敗方，最高的境界是「勝固可喜，敗亦欣然」，而「勝固可吹，敗亦可諉」也是人之常情，重要的是老話一句：「勝不驕，敗不餒」。

人生舞台是旋轉的，從一個場景轉到另一個場景，有時是主角，有時是配角，能俯仰自如，不貪不求，能看輕得失、重振旗鼓，這就是所謂「量才適性，終身不憂；守眞取璞，終身不悔」的眞諦。

看到黃志雄所獲得的讚揚與掌聲嗎？他的退讓是一種最可取的風度，要從運動員變成運動家，差別就在風度。「揖讓而升，下而飲，其爭也君子。」何等的大度，何等的雍容。勝利不是完全由獎牌決定，能讓，才是眞正的強者。

閉幕典禮前，將公布所有藥檢的結果，決定最後得牌的名單，每次都有選手在最後一刻，失去獎牌留下污名。普林斯頓大學球隊在比賽前都會禱告，他們禱告：「我們祈求勝利，但我們更祈求能夠保持清白的動作。」多麼動人的禱告！寧願要光明的失敗，不要幽暗的勝利。

曲終，是爲了四年後的重逢；勝利，永遠屬於做好準備的人。再會！

八個觀念，改善台灣

近年來，台灣沉淪在藍綠對決的烽火中，何去何從的焦慮，成了全民的最痛，成了一場彷彿永遠醒不來的惡夢。

自喻「歷經戰亂的老時代知青」的高希均教授，面對新世紀的台灣亂象無法保持沉默，以知識份子懷抱台灣社稷的眞切情懷，老驥伏櫪，出版了《八個觀念、改善台灣》一書。所謂八個「改善台灣」的觀念包括：大格局思維、「台灣優勢」比「台灣優先」重要、不獨不統的兩岸雙贏、提倡有靈魂的知識經濟、開放社會、人的品質與優質生活、人文情懷、學習型台灣等。

掩卷之餘，不禁心有所感。台灣一直在意識型態的漩渦中沉淪，政治人物從漩渦中撿拾政治漂木，小鼻子小眼睛，哪有「大格局的思維」？「台灣優先」是最廉價的政治口號，大家只在乎「我的優勢」、「黨的優勢」，誰管「台灣優勢」？

什麼是「台灣優勢」？除了經濟強壯魁梧外，更重要是透過知識火種的傳遞，建構一個「人文、知識、學習」的台灣；透過人文情懷的擴散，建構一個「和諧、合作、團結」的社會。高教授這本書，深刻指出了台灣上升或下沉的關鍵。

在詭譎的時代，在顏色的台灣，我們需要像高教授這種厚積博發、明辨敢言的知識份子，更希望知識份子的諍言，能夠成爲社會的主流力量，引起政府重視。民主國家的進步，皆根植於此。這是改善台灣的第九個觀念。

大長今與霹靂火

南投國中老師劉瑞玲小姐投書《人間福報》指出，韓劇「大長今」叫好叫座，並造就無限商機，台灣演藝界要加油，製作優質戲劇，讓台灣走出去。

回顧台灣戲劇史，確實令人心痛。以前我們是戲劇出超國，外銷到中國大陸、香港、甚至星馬等地。但曾幾何時，我們變成入超國，先是市場被港劇全面入侵，然後是「阿信」領軍的日劇大舉來襲，接著是以精緻歷史戲引人入勝的大陸劇傾巢而至，最後是唯美淒絕的韓劇殖民成功，我們自己的連續劇節節敗退中。

「大長今」與「阿信」都不是以愛情戲取勝，而是以人生勵志為主題；也不是以俊男美女爲號召，事實上李英愛已無當年的英挺艷麗，但多了成熟智慧，所以「大長今」的賣點在知識性與教育性，宛如進行一場膳食與醫學的深度之旅，在曲折的劇情中，享受理性與感性的快樂。

我們的連續劇因爲不賺錢，所以格局太小，三十年來死抱「三廳主義」，永遠在客廳、咖啡廳、辦公廳裡打轉，不但沒辦法做到「大長今」的精緻考究，連「冬季戀歌」如詩似夢的外景也做不到。劇情也一直在愛情加黑社會的框框中走不出來，比兇、比狠、耍酷、耍帥，還要會拖。

「霹靂火」曾經紅極一時，但與「大長今」做個比較，中韓連續劇的長短、高下、優劣，不必多言，一目了然。

屈原喝啤酒

屈原悲憤地站在江邊，一邊口念「路漫漫兮其修遠，吾將上下而求索」，一邊擺出要投江的架勢。就在此時，坐在屈原身後一位打扮瀟脫的現代年輕人奉勸屈原說：「人都死了，你還能求索啥？」屈原一掃愁容，與這位現代年輕人席地而坐，開懷暢飲啤酒。

這是長沙一家啤酒公司的廣告，這則廣告播出後，引發軒然大波，結果被迫停播。「新華社」報導上海某大企業「上書」中共國家工商局，建議應該將屈原、岳飛、文天祥、戚繼光、袁崇煥、史可法、林則徐等人，列爲禁止廣告戲說的「愛國七君子」，以維護家喻戶曉的歷史愛國人物形象，不能讓商業廣告隨意顛覆、解構歷史。

在商業廣告中顛覆歷史、解構人物，甚至無厘頭式的戲說，是現代廣告最創意的包裝。重寫歷史場景，或顛覆歷史人物的形象，藉著突兀的顛倒，製造意外趣味的廣告，雖可達到吸引人的目的，但這種手法爭議也最大。台灣也曾發生用希特勒做廣告，而被迫停播的命運。

二十一世紀，一切都在解構之中重組，解構是最大的時尚。將歷史人物解構成消費品，其實不希奇，但一再重覆，會發現很多重要的價值與意義，也同時被解構而消失於無形。

近年來，台灣的社會一直在進行解構與顛覆，許多的歷史被顛倒、顛倒了的歷史再顛倒過來，很多重要的東西逐漸流失，這才是十一位中研院院士心急如焚的地方。

說好話

昨天是孔子的誕辰，孔子值得學習的地方很多，但是今天台灣特別要學習他「說話」的態度。孔子要大家「言寡尤」，就是少說不當的話，例如「不語怪力亂神」；更進一步要講好話，子所雅言：詩、書、執禮，皆雅言也。孔子本人「與下大夫言，侃侃如也；與上大夫言，誾誾如也。」也就是態度和氣愉悅，用詞端莊適度。

我們歡度教師節，不只是去孔廟祭祀聊備一格，而是要學習孔子的精神，至少能做到司馬遷在《史紀・孔子世家贊》中慨然而讚說：「高山仰止，景行行止，雖不能至，心嚮往之。」

星雲大師努力推行說好話運動，因爲他希望大家說出的語言，要像陽光、花朵、淨水，帶來歡喜與希望，正所謂「好話一句三冬暖，惡語一句六月寒」。星雲大師本身就是以玄奘大師的「言無名利，行絕虛浮」，做爲日日自我勉勵的座右銘。

但遺憾的是，台灣現正走向孔子所說的「諸侯放恣，處士橫議」情況，束朝立帶之士，竟然用語粗俗，外交部長批評新加坡是「鼻屎國家」，這讓人如何教導小孩子？

少說一句話，多念一聲佛，才會達到孔子的境界「侃侃如也，誾誾如也。」言語似箭，說出去就收不回來，說出去傷人傷己。一默一聲雷啊！

良心與僥倖的拔河

根據警政署統計，近三年全台車禍肇事逃逸的件數逐年增加，去年增加到四千四百餘件，比前年多出兩倍半，造成五千一百餘人受傷。肇事逃逸以清晨四到六時最多，清晨時段被撞大多是早起運動的老人家，更讓人痛恨。

在大街小巷道路上，常看到家屬追緝肇事逃逸車子的看板，網路上協查兇車的電子郵件也滿天飛。其中的文字，一字一淚，寫滿了不捨與哀痛，訴盡了不甘與委曲，每次都讓人看得好心酸。

肇事剎那，就是一場生命最艱難的拔河，是心與腳的鬥爭、良知與害怕的對決、理智與無明的火拚，油門是裁判，方向盤是線審，輸贏在電光石火的一念間。

只要選擇了「逃」，就註定是輸家，因爲逃之後再被揪出來，將面對更嚴重的刑罰。就算僥倖逃過了一時，也逃不過良心的譴責，這件事將像惡夢一樣跟著一輩子，提心吊膽一輩子，一生都不得安寧。這是心的監獄，悔恨的牢籠，而且是無期徒刑。

責任本就是以良心做基礎，承擔本就是勇氣的考驗，如果肇事後能無懼的面對錯誤，理智的面對問題，良心輕易拔勝僥倖，這一生大概不會有衝不過的難關，對付不了的挑戰。

逃逸者，總以爲四下無人。不對！至少有「你」這個人在場，如果你還算是人的話。

大與小

葛羅斯、波立瑟、維契克三位美國科學家，致力研究並解釋自然界的最小構成單位夸克，使科學界朝建構「萬物理論」的境界邁出一大步，共同榮獲二〇〇四年諾貝爾物理學獎。

物質是由分子組成，分子由原子累積，原子核由質子和中子建構，而質子與中子的基礎是夸克，因此夸克是已知最小的單位。夸克雖小，研究的成果卻巨大，蘊藏的秘密更大。全世界都在全力瞭解這個小東西，希望解開宇宙之謎。

大與小實在是有趣的事，星雲大師說：「東西很小，不見得就是小，小中包含大；

東西大，不見得眞大，價值可能很小。」須彌可以藏芥子，芥子可以納須彌。一個人的心實質上很小，但可以橫遍十方、遍滿虛空；可以豎窮三際，過去、現在、未來皆存於一心。

一塊幾十噸重的大石頭很大，但價值遠不及一粒小鑽石，所以大小不在形相，而在精神。

目前世界上，宇宙最大，夸克最小，宇宙是由最小的夸克構成的，要解釋整個宇宙，一定要從夸克著手。那麼誰大誰小呢？

每個人都不能看輕自己的價值，人的大小在心，不在地位或財富，就算你只是夸克，也能支撐起整個宇宙。

夸克與台灣

昨天談了今年的諾貝爾物理獎，葛羅斯等三人的理論，證明當夸克愈靠近，彼此的作用力愈小，類似自由粒子；然而當夸克彼此愈遠離，交互作用就愈強大，反而會綁在一起，無法成爲自由粒子，形成所謂的「夸克幽禁」現象。

其實這種理論也適用在民主社會。包括李遠哲院長在內都深信，當民智愈開明、社會愈富裕、教育愈發達、政治愈開放，社會的個體會愈親密接觸，彼此之間對立與仇恨的作用力就會愈小，形成自由民主的成熟社會。

但是台灣卻反其道而行，當社會愈成熟，人與人間互動日益頻繁，彼此的作用力卻愈來愈強大，人與人間的裂痕不斷擴大，形成晦暗社會人心幽禁現象。

今年物理獎給了理論派，物理獎應該重理論還是實驗，是一道物理界自己都難解的習題，但是所有的民主理論用在台灣，實驗卻不成功，爲何會這樣？簡單的說，關鍵在政治人物以個人前途爲己任，置國家死生於度外，社會走向對立而分裂、民眾仇視而相訐，扭曲成一種滑稽荒唐的政治現象，大家久而久之，從量變而質變，竟習以爲常，對這樣一個幽禁的心靈社會，視爲理所當然。

所謂高能物理，是將粒子置於高能加速器，高速的瞬間對撞，從碎片觀查生命的起源。現在台灣就讓仇恨在高能加速中，一定要大家對撞成碎片，才能覺悟嗎？

恩仇浪淘盡

「大江東去，浪淘盡，千古風流人物。……羽扇綸巾，談笑間，檣櫓灰飛煙滅。故國神遊，多情應笑我，早生華髮，人生如夢，一尊還酹江月。」回首赤壁磯邊，早已騎鯨人去，幾度山花發；歷史多少事，轉頭澹澹長空千古夢。研史就是這樣，在最無情處讀出深情，細數千古風流，多少恩怨情仇，歷史搖身變成了哲學。

家住南京的岳飛第三十代嫡孫岳順元，最近萌發與秦檜後代吃飯聊歷史的念頭。南京晨報報導，南京是秦檜的故鄉，祖籍江寧湯山鎮樺墅村，現在發展成「秦家村」，家族輩份最高的是八十歲的秦世禮，也喜歡研究宋史，岳順元說想邀秦世禮老先生來南京，吃飯喝茶，一起聊聊岳飛和秦檜的歷史舊事。

歷史的迴廊，跫音隱隱；南宋的悲切，史頁淒淒；就讓岳飛在國文課仰天長嘯、在歷史課怒髮衝冠、在音樂課壯懷激烈吧！三十功名已化為塵與土，八千里路看盡了雲和月，對兩家的後人而言，恥，已經雪；恨，現在滅。大家見個面，壯志飢餐東坡肉，笑談渴飲血腥瑪麗，待從頭，收拾千年仇。

白鐵不幸鑄奸臣，但後人為何要背負鐵般沉重的原罪？青山有幸埋忠骨，但歷史的恩恩怨怨，哪值青山一笑看。

「大江東去，浪淘盡，千古風流人物。」時代場景變換，人事灰飛煙滅，岳秦兩家的後人，是該「一樽還酹江月」吧！

為何要用蘇東坡的詞做引子？因為文中流露曠達真情及自我解嘲的豪情，一種慈悲的柔軟。看了這篇短文，請想想自己有沒有敵人，連千年的仇恨都可以一笑相泯，你還有什麼放不開的呢？

風雨與慈悲

去年有好幾個颱風過門不入，結果都跑去了日本，不僅創下日本一年十個颱風侵襲新紀錄，且造成重大生命財產損失。這兩天，日本又遇到大地震，眞是禍不單行。

前些日子聽一些人談起這些事，總有些幸災樂禍的口氣。不錯，我們是替台灣多次躲過颱風而慶幸，但也應替日本遭遇災難而悲憫。幸運之神讓台灣多次倖免於難，但幸災樂禍不是應有的態度，同體共生才是我們應有的感情。

世界上有兩種東西是不分國籍、不分人種的，一個是地震與颱風，另一是慈悲；一個無情，一個大有情；天無情，人有情，支撐了整個世界的運行。

《華嚴經》說：「但願眾生得離苦，不爲自己求安樂。」慈悲是自己身體力行的道德，不是用來衡量別人的尺度；慈悲是內心莊嚴而生的感情，不是外力可以強迫的虛假；慈悲不是佛教的專屬，而是每個人內心天生存在的佛性。

颱風會吹倒房舍，地震會震垮橋梁，天災甚至會帶走生命，但只要我們心中存著慈悲，人間就永遠充滿光明、清淨、歡喜。

颱風天，人間世；因爲慈，所以悲憫；因爲悲憫，所以懂得；因爲懂得，所以生愛；因爲有愛，所以無懼風雨與地震。

面對面

《今日美國報》報導，電子郵件氾濫再加上其他高科技通信工具盛行，已使部分企業出現反彈，開始回歸傳統的職場面對面接觸。報導指出，北美洲非垃圾電子郵件已經累計達每天一百一十九億封，部分對此深感厭煩的企業雇主從而採取各種措施，鼓勵員工面對面接觸。所以很多的公司開始規定員工，每逢星期五盡量不要收發電子郵件。

中國人說見面三分情、父母老師要對小孩耳提「面」命、考試要「面」試，因爲很多事要靠見面才能成事。孔子最重視「見面」，君子見面是「即之也溫」，小人見面是

「色厲內荏」，平常人見面只要「觀其眸子，人焉廋哉」。

一天一百一十九億封非垃圾電子郵件，多可怕的數字，不知台灣一天有多少封？人與人之間被剝奪多少見面的機會？

每天面對機器，在生理上，會造成骨骼肌肉的傷害；在心理上，會造成人際關係的疏離。後電腦時代，人的親密接觸被機器取代，握手被敲打鍵盤取代，確實是二十一世紀必須面對的新問題。

同事之間常見面討論問題，對團隊精神很有幫助；與顧客常見面，才能讓客戶感受到你的誠意。現在的青少年，沉迷聊天室，人際調適能力愈來愈差，與父母相處愈來愈難，這是不爭的事實。

人是群居的動物，需要眼神的交流，需要雙手的相握，需要香水的誘惑，需要誠意的判讀；肌膚渴望擁抱的溫暖，眼睛期待笑容的燦爛。去吧，去與同事談談心，與客戶握握手，面對面的美好感覺，不是鍵盤與螢幕可以取代的。

優雅的失敗

選戰結束了，特別要向失敗者致敬，很多落選者都是知名度與民調很高的人，但是落選後的優雅表現，令人喝采；雖然有眼淚，揮手的身影動人，感傷中保持優雅，我們深信一個優雅的失敗與一個出色的成功，對社會的意義等值。如何面對挫折，本就是生命最嚴酷的考驗，最殘忍的試煉。如何將「輸」的局面扭轉乾坤，有三個層次：

第一層次是將挫折視爲化了妝的幸福。春花燦爛，但寒花耐久；風霜之威，天之殺物，正以成物。生命中總有寒花的季節，只有耐過霜雪，才能迎春燦爛。

更高層次是不以勝喜，不爲己悲；居廟堂之高，則憂其國；處江湖之遠，則憂其民。爲民服務的管道與方式很多，與其怨天啜泣，不如淚中噙笑與民比肩。

最高層次是「應無所住，而生其心」。太陽住在虛空之中，太陽的威力不是很大嗎？我們的心，不要有所住，尤其不要住於輸、贏、成、敗、喜、悲，那就能心住虛空，量遍沙界。所以，內心有法樂、勝負如浮雲，能心包太虛，小小的勝敗怎能不包？這種有容，其實莊嚴了自己，將輸提升成爲大贏。

哭，像人；哭後，無所住，像佛。

沈富雄在落選後作了一首詩，這首詩應該改成這樣才對：「心未死，血未涼，等待重新奮起的歲月；裹屍的馬革不必準備，我雖頹然，不會倒下；蠢蠢欲動的鄉親們，我會讓你們親眼看看，我再起的壯盛行列。」

向左走，向右走

世新大學民意調查研究中心完成「二〇〇四台灣心靈白皮書問卷調查報告」，近六成的民眾對社會感到不滿意，超過五成的受訪者最討厭政治人物，近五成的人認為周遭的人變得更不快樂。

師大教授林安梧分析，政治人物缺乏文化教養與道德，是當今台灣社會最嚴重的問題，如果不能立即改進，逐漸地，社會將被瓦解、人心將被腐蝕。作家游乾桂也憂心，台灣知識份子消失，掌握媒體發言權的人又不慎重，全民都會中了政治餘毒。

幾米的《向左走向右走》第一句話就是：「整個城市籠罩在陰溼的雨裡，灰濛濛的天空，遲遲見不著陽光，讓人感到莫名的沮喪，常常走在街上就有一種落淚的衝動。」

這種羈押不住的憂傷，正是當前台灣人民心靈的氣象圖，內心都有深層的危機，知道社會正義低落，道德規範低落，國家必須振作，必須走出政治惡鬥陰霾，但苦於遲遲見不著陽光，內心有莫名的沮喪。

人的心靈需要地圖，知道生命應該如何轉彎，知道如何選擇走向更寬廣喜樂的方向，知道國家將走向什麼道路；人民需要更清晰明確的聲音，在新世紀領航。但現實上噪音盈耳，從談話性節目到政治人物聲嘶力竭，都讓心靈煩悶。

其實人民並不在意向左走、還是向右走，只希望故事的最後，當陽光穿透水泥叢林，照亮人們的心靈，故事就有了溫暖的結局。

把握當下

那是悲傷哀戚的一天。

一場芮氏規模九．〇的強震，重創南亞八國沿岸地區，罹難人數已至二萬三千多人，另有數千人仍失蹤。而在昨天，我們也送走了曾經的第一夫人蔣方良女士。

剛好星雲大師這三天在國父紀念館闡釋佛教的生命、生死、生活學，如果與現實對照，會有莫大的體悟與領會。星雲大師在演講中，合掌祈求佛陀，請求讓眾生都能夠在海嘯災難中體悟「現實的家園會有成住壞空，自己的本性才能永恆安住；骨肉至親也有生死離別，只有證悟解脫，才是究竟的依靠」。

時間有春、夏、秋、冬；世界有成、住、壞、空；心念有生、住、異、滅；人生有生、老、病、死。所以有生就有滅，宇宙和人生就是一場生滅的繁華，就像日出日落，誰也逃不掉。

我們啼哭來到世上，這個哭聲自己不知道；當我們離去時，別人在啼哭，這個哭聲自己還是不知道；但是在兩個哭聲之間，應該迴盪著無窮無盡的笑聲，這才是我們對生命最莊嚴的承諾。

所以，看見悲傷，讓人深覺要把握當下，要孝順父母、要兄友弟恭、要對人行善、要慈悲智慧等，不要總以爲還有很多的時間，不要讓生命在不能彌補的悔恨中痛楚。

生命無常，要弄清楚自己人生的優先順序。

藝人義舉

台港演藝圈今晚在香港大球場舉行「愛心無國界」連線義賣晚會，重量級主持人張小燕、吳宗憲、曾志偉、沈殿霞、吳小莉、李湘接力主持。台灣現場則由張菲領軍，五十位演藝名人在華視影棚義賣，結合兩岸三地華人力量幫助南亞災民度過難關。觀眾可透過電視轉播收看全部實況，同步參與善行。

南亞大海嘯讓數十萬生靈塗炭，千萬黎民流離失所，災情慘絕人寰。

台灣曾經遭受九二一地震摧殘，對於南亞災民的心情，尤其感同身受，不但政府、民間踴躍捐輸，演藝界也紛紛慨伸援手，綜藝大哥大張菲、偶像團體五月天各捐出百萬元，許多藝人不但自己捐款，還隨慈善團體上街勸募，義行可風。

更令人感動的是，這些藝人出錢出力，以最短的時間，策劃跨國愛心大匯演，改編自名曲「We're the world」的主題曲，粵語版動員成龍等一百多位港星參加錄音，國語版也在資深音樂人小蟲號召下，由數十位知名歌手接力獻唱，藉著歌聲把愛傳出去，鼓舞大家「不要小看自己渺小的力量，你的雙手可以拯救無數希望」。

知名藝人的檔期緊湊，一寸光陰一寸金。他們同體大悲，不惜辭掉收入優渥的商業演出，撥出寶貴的時間投入義演，並捐出自己具有紀念價值的物品義賣籌款，以及在現場接聽觀眾的捐款電話，相信這是一場最動人的演出，希望「粉絲」們也能化小愛爲大愛，踴躍響應賑災，一起送愛到南亞。

不值秦淮一笑看

翻開連戰主席訪問大陸行程表，大家都只注重政治議題，弄得好沉重，在緊湊行程中看到夜遊秦淮河的安排，心情頓時文化了起來。

「晚涼天靜月華開，想得玉樓瑤殿影」，在中華文化裡流動著這條河，多少詩人墨客千古歌頌，多少紅男綠女月下徘徊，多少學子曾經吟哦：「煙籠寒水月籠沙，夜泊秦淮近酒家，商女不知亡國恨，隔江猶唱後庭花」。河邊的烏衣巷更是文化課本中最知名的巷子，很多人的心靈都曾在這條巷子裡漫步。

大概很少人知道「兩小無猜」、「青梅竹馬」成語的典故都是在秦淮河邊發生，河不但屬於文化的，也是屬於詩情畫意的，屬於美的，所以朱自清忍不住在「槳聲燈影裏的秦淮河」嘆道：「從兩重玻璃裏映出那輻射著的黃黃的散光，反暈出一片朦朧的煙靄；透過煙靄，在黯黯的水波裏，又逗起縷縷的明漪。在這薄靄和微漪裏，聽著那悠然的間歇的槳聲，誰能不被引入他的美夢去呢？只愁夢太多了，這些大小船兒如何載得起呀？」

「南朝四百八十寺，多少樓臺煙雨中」，站在南京，站在秦淮河畔，看河水靜靜的流，不論國民黨、共產黨，都只是歷史短暫的過客，南京看盡了多少歷史的興亡，秦淮拍遍了多少人事的起落，河水悠悠，淘盡千古風流人物，柳岸如畫，一時多少英雄豪傑，所有的人都是過客，連戰也是。

問河水誰主沉浮？歷史多少興亡事，不值秦淮一笑看，有此一念，不禁覺得我們在努力製造混亂與仇恨，多麼的傻啊！

手機催魂

美聯社報導一位十七歲女孩瑪莉拉・亞瑟維多，在地區法院內未關手機，來電時手機鈴響，被法官視爲藐視法庭，判刑四十五天。

在我們看來，這位法官未免太小題大作，這位小女孩值得同情，但是換一個角度，也必須承認手機現在是最暢銷的通訊工具，而手機使用的文化，卻沒有建立。

現在的學生絕大多數都有手機，在課堂上竟常有手機響起；此外，在看電影時有人接手機；開會時有人接手機；醫院有人打手機等等，手機鈴聲無所不在，高亢而密集的鈴浪，突然拔起，滔滔襲來，衝撞耳膜，悚然驚魂。

其次，是高談闊論文化。手機因收訊有時不良，常要用較大的聲音，於是在辦公室、在公車、在很多需要輕聲細言的地方或場所，常見人手一機，旁若無人，談笑生風，口沫橫飛，顧盼自若，旁邊的人被迫「收聽」，咄咄的聲浪逼人，連掩耳的空間都見肘。

鈴聲、喂聲、談笑聲，聲聲入耳；大事、小事、他家事，事事無聊，從小女孩判刑，可以想見這位法官一定是手機噪音的痛恨者。

群鈴鼓噪，亂音齊鳴；然後鼓其長舌，叱吒吆喝，手機如此搖人心神，實在可以休了，台灣社會最不缺的就是噪音，手機何必加入？建立尊重旁人的手機文化，是很重要的一件事。

打盹萬歲

英國《泰晤士報》前天報導，法國哲學家、作家及科學家齊聲警告，疲憊成爲已開發國家最大威脅，法國尤其嚴重，已成失眠者國度，忘了打盹之樂。疲倦、注意力不能集中、喪失作樂能力等等，都成了睡眠不足的後遺症。目前法國人當中，五分之一長期失眠，七成的人睡不夠，總計二百四十萬人每天得吃安眠藥。

法國人誠實得眞可愛。其實失眠在台灣也日益嚴重，弔詭的是，很多人不是因過於忙碌而睡眠不足，是用了太多的時間去「活動」，學生花太多時間熬夜玩電腦；青年人用太多的時間在MTV等；中年人流連在飯肆酒廊。簡單的說，常出國的人都知道，台灣深夜活動力，幾乎是世界第一。所以法國人的警告，台灣聽來震耳欲聾。

其實睡眠問題不在長短，而在深淺；失眠問題不在眼皮，而在心情。人要放鬆自己才能睡得深、人必須心平氣和才能睡得好；睡得深而好，時數不足也無大礙，躺在床上輾轉反側，睡太長也無濟於事。

當然失眠原因千奇百怪，無法一言以蔽之，但是只要爲人處世能安住身心、自在灑脫、慈悲光明，一定能睡眠輕安柔軟，心情法喜充滿。

巴黎科學博物館舉辦「生命之道：睡眠」展覽，主題是「打盹萬歲」。在生命方程式中，睡眠與身心是息息相關的變項。

說話的藝術

加拿大總理馬丁在主持全國醫療改革會議上，不耐別人的發言，忍不住說了句粗話，在會議休息時立即接到姨媽打來的電話，叫他用肥皂將嘴巴洗乾淨。匈牙利新總理最近也因爲說錯了話，遭到婦女團體的圍剿。

說話，是一種技巧，一種藝術，尤其是政治領袖動見瞻觀，說話更要合乎身分，要恰到好處，更要適可而止。而且說錯話後，要有道歉的勇氣，馬丁在接到姨媽電話後，就公開道歉。

台灣當前很嚴重的問題，就在不會說話，尤其不善「說好話」。政壇上大家用舌頭做利刃傷人，態度趾高氣揚、盛氣凌人；用語專橫武斷，強辭奪理；出言諷刺譏誚、惡毒攻訐，實在令人生厭。加上電視連續劇的推波助瀾，社會上有樣學樣，人與人之間，不存好心，不說好話，實在是當前全民最應該反省的地方。

那麼說話要怎麼說呢？消極上至少能「不妄語、不兩舌、不惡口、不綺語」；積極上更要說好話，才能給人希望、給人歡喜、給人信心。

如果做不到，就少說話。上天爲什麼給人兩個耳朵，卻只給一個嘴巴，因爲老天希望我們多聽少說。從小就被告知是非只因多開口，多言一定賈禍，智慧是由聽而得，悔恨是由說而生。一個冷靜的傾聽者，不但容易受人歡迎，而且會比說話的人多知道一些事情。

誰害了他？

彰化市兩派青少年在KTV內打群架，警方在其中一位陳姓少年身上取出一把改造手槍，陳姓少年的父母五年前離婚，母親現在與人同居，父親因案被通緝，他和弟弟已五年不曾見到父親，母親一年僅探望他們三次，兩兄弟對父親充滿怨恨。陳姓少年本月初才結束感化教育出社會，但多次求職，卻四處碰壁，被捕時他吶喊：「這個社會排斥我，不給我機會，我能怎麼辦？」

陳姓少年變成這樣，誰害了他？

父母生而不教，從小感受不到家庭的溫暖，走錯路時更沒有人在耳邊諄諄告誡，沒有人在旁邊拉他一把，讓兒子心中充滿了憤世嫉俗的怨恨，養子不教誰之過？

更嚴重的是，當他無法在家中獲得支持，轉而向社會求援時，大家將門窗緊閉，不但不肯伸出手，而且在他有意往上爬時，將他推向深淵，他的吶喊，其實是向這個冷漠無情的社會，做最嚴厲的控訴。

天下雜誌正在推動「陽光世代」活動，尋找陽光少年當然是一件有意義的事，但是對於在社會陰暗角落，生命中缺乏陽光的少年而言，給他生命燦爛的陽光，才更急迫。

當陳姓少年寂寞獨行，沒有足跡相伴；當他墮落時，沒有大手拉拔；問問自己，誰害了他？

誰逼哭何如芸？

影星何如芸自日本散心返國，在機場入境時被大批媒體一路緊迫包圍，咄咄相逼，當場情緒失控、嚎啕大哭，一路淒厲大喊：「救我！救我！」看得人心頭不忍，眼眶發酸。

陪伴可如芸的王敏錡弟弟，受不了媒體如此包圍，抓狂推人，爆發衝突，現場一片混亂，口角與言語挑釁不斷，看得人實在難受。

這就是台灣媒體惡質化現狀，現在打開電視只有三種新聞，政治新聞、社會新聞、八卦新聞。政治新聞太沈重、社會新聞太驚悚、八卦新聞太囂鬧，其實民眾已經看得很煩很悶很討厭，對著電視罵的人越來越多，但是媒體卻我行我素，還標榜說是投觀眾的喜愛。

其次，媒體知道只有將何如芸逼得驚慌失措，逼出眼淚，才是新聞，不逼她狂奔，讓她靜靜通關，那算什麼新聞？何必大老遠跑來中正機場？但是卻忘了對人的尊重，對傷心人的體諒，對當事人立場的理解，還大聲的叫囂，這是媒體暴力，不是新聞採訪。

何如芸的夫婿王敏錡不忠，是傷害了何如芸，而在傷口上洒鹽的是媒體。台灣媒體從「製造業」變成「修理業」，再變成「加工業」，然後成「屠宰業」，現在成了「製鹽業」，眞正名符其實的在「造業」，若還不回頭，當心業報。

驢與象的智慧

美國大選緊張刺激，成爲全球注目的焦點，驢與象，誰主沈浮？

一八七〇年漫畫家奈斯特在哈潑雜誌發表政治漫畫，他用驢子代表民主黨反內戰的派系，目的在諷刺民主黨很笨。然後，他一八七四年在哈潑雜誌上發表漫畫，畫了一隻穿了獅皮的驢，把動物園內的動物都嚇跑，其中之一是大象，這隻象代表「共和黨選票」，諷刺共和黨易受驚嚇和搖擺不定。

但是幽默的美國人就將奈斯特的諷刺，做爲自己形象的代表，奈斯特認爲大象易受驚嚇和搖擺不定，但是共和黨將大象新詮釋爲高貴、堅強、明智的化身。奈斯特認爲驢子很笨，民主黨將驢子新詮釋爲謙卑、聰明、勇敢、可愛的代表。

這種美國人的豁達與幽默，面對諷刺的智慧與柔軟，值得我們學習。一般人印象驢子是蠻笨的，所以很少人會用驢子做爲標誌，驢，有點兒蠢、有點兒憨，但從另一個角度，會覺得行事烏龍的驢還滿可愛的。而大象有些笨重，如果換個心情，大象也可瞧出另一番體悟。

所以很多事，不要太執著，換個角度、換種心情，會看到不同的趣味，不一樣的感受，能夠將嘲諷做出新的詮釋，讓人莞薾，這種豁達與幽默，眞是智慧呵。

美國新總統誕生，不論驢還是象當家都不重要，重要的是不能失去這種幽默的心情、智慧的視野、豁達的胸襟。

卷二

爲大愛而生

他們才是台灣英雄

歷經十六年半、耗資四千五百八十億元的第二高速公路將在後天（十一日）全線通車。二高從民國七十六年六月起動工，主線從基隆到屏東林邊，長四百三十二公里，加計環支線後總長為五百一十八公里，全線有三百五十八座橋樑、十七座隧道、七十四個服務性交流道、十八個系統交流道、十一座收費站、七個服務區，建設經費與路線長度均為全國之冠。

二高施工最多曾動員一萬三千多人，包括一千多名工程師，以及一萬兩千名工人；十六年來有七十六名工程人員為建設二高付出生命，這些人是國道烈士。

這些才是台灣眞正的無名英雄，他們迎風抗雨，風雨無阻；他們闖山越河，山林無礙。這些人在台灣的大地上墾荒，在寶島的叢林裡替台灣找出路，其中有七十六人更是英雄中的英雄，他們用自己的鮮血和著水泥，他們用自己的肌膚舖設路面，他們用自己的骨骼擎起隧道，他們用生命築路，每一寸的路面都有他們的英靈。

當我們在二高恣意享受馳騁的快樂時，不要忘了有七十六個家庭曾哭過漫漫長夜，不要忘了向這些台灣眞正的無名英雄致敬。

社會上爲了誰愛台灣吵翻天，吵什麼吵，先來向這一萬多位英雄，尤其是七十六位國道烈士致敬吧！

耳目「衣」新的蔡雪泥

功文文教機構總裁蔡雪泥一身改良式旗袍、包頭帽打扮，總是令人眼睛一亮，成為眾人目光焦點，應該所費不貲，但據報導，每件成本都不超過五、六百元。

蔡雪泥的改良式旗袍、包頭帽都是自己設計的，多數布料是在新加坡賣布街採購。若衣服褪色了，還可修剪成短上衣，搭配長褲。夏天腋下易出汗，她在旗袍內又穿了一件無袖襯衣，再縫上兩片薄布，減少汗水與外衣接觸，而這些襯衣都是向公司男職員「要」來修改成的。男同仁聽到董事長向他們要襯衫時，一頭霧水，得知她這麼節省時，都覺得難以置信。

以前覺得蔡雪泥女士的衣服有個人特色，優雅奪目；現在則覺得她的衣服好美麗，有一種動人的靈慧，衣香鬢影中有慧質蘭心。所以，衣服與心的搭配，才是最美的穿著。

現代人崇尚名牌，常以品牌炫耀、以價格凌人，一見面先從衣服上較量三分，再從皮包與鞋子上另闢戰場，最後在珠寶上一決生死。如果落居下風，下次再掏空老公口袋，重決生死。大大小小的戰役，每天在都會中上演，眾家姐妹一旁敲鑼打鼓，好不熱鬧。

被名牌形役，其實是坐監，衣服就是監牢，將自己關在裡面。看輕名牌，自由自在。

檸檬水的滋味

很多人都愛喝檸檬水，乍入口酸酸澀澀的，令人眉頭一皺，口齒一酸，但等到入喉，一股甘美的味道慢慢滋生，口頰生津，好不爽口。

美國一位癌症女童亞莉珊卓，在一歲生日前兩天，經診罹患癌症，存活率只有四成，小亞莉堅強勇敢，她說：「當生命賜予你檸檬，就來做檸檬水吧。當你遇到壞事，就做點好事吧。」

於是她四歲開始擺起「亞莉的檸檬水攤」，四年來靠著朋友和義工的幫忙，檸檬水攤一家一家開。今年六月，亞莉的檸檬水攤已遍布全美五十州，加拿大和法國也都有新店開張，她立志要在今年募得一百萬美元的癌症研究經費。但是小亞莉等不到那一天了，她在八月一日病逝。

美國人將這位八歲女孩稱爲「檸檬天使」。如果你的生命注定是一顆檸檬，何妨讓自己成爲生津止渴的檸檬水。

從檸檬變成檸檬水，是一種開發，一種蛻變，一種煥然，讓自己從無用變有用，從酸澀變甘美。

得到癌症並不可怕，可怕的是失去鬥志；生命短暫並不後悔，後悔的是在短暫過程中，沒有放出燦爛的光芒；檸檬又何妨，怕的是任由它落在地上腐爛。

生命長如小說，曲折動人，固然令人欣喜；但是當生命短如詩歌，也要吟得鏗鏘。

小亞莉八歲的人生旅途，行程短而風景絢麗。好棒的一杯檸檬水，讓人體會甘美滋味。

讓心飛翔吧！

「美」的標準是什麼？

是從自信中產生的勇氣；是從樂觀中激發的韌性；是從熱情中燃燒的毅力；是一種生命的態度；是面對折翅仍不放棄飛翔的美麗。

伊甸基金會舉辦的第一屆二〇〇四輪椅美女選拔，「飛天仙女」陳美玉、「蛇蠍美女人」陳冠如、「小美人魚」陳佳容分別得到前三名。這些坐著輪椅的參賽者，所展現的自信、樂觀、熱情，所激發的勇氣、韌性、毅力，好動人好美麗。

奪得后冠的陳美玉以「飛天仙女」造型，展現不受身體障礙限制、可以自由飛翔的意念，她積極、樂觀、獨立的「美」，贏得所有評審激賞。

受地心引力影響，所有的東西都朝下墜落，但只要心能飛翔，就可以自由自在。心，是唯一能夠對抗地心引力的東西。萊特兄弟發明飛機，是因爲他們的心先飛，讓想像力海闊天空。

人的一生中，不可能事事順遂，挫折往往讓人看清生命的本質，營造出更深邃的生命態度。貝多芬耳聾後譜巨音、米爾頓眼盲後賦史詩、梵谷患癲癇、雷諾瓦染風濕，卻塗抹出壯麗熾烈的畫作。身體的殘疾，反而成爲翅膀，讓生命飛翔。

心在振翅，突破了輪椅的限制，生命之美，從這裡出發。

大記者

做了六十三年記者的陸鏗先生，昨天在他八十五歲生日時，發表了新書「大記者三章」。

他豪情萬丈的說：「我這名新聞老兵不會凋零，只要我的手仍能拿東西，握住的一定是筆；只要我的嘴還能說，談的一定是新聞；我的血管中流動的是墨水，我的心臟裡跳動的是時事，我的腦海中想的是媒體，我是要到倒下去那天才肯退休的新聞老兵。八十六歲還在出書，就是告訴大家，陸鏗這名新聞老兵，仍在新聞戰場上作戰，仍握著筆。」

什麼是大記者？這就是大記者。將記者工作視爲志業，終生奉獻，至死不渝。

不是在大的媒體服務就是大記者，也不是文筆好就是大記者；而是道德的堅持、專業的服膺、全方位的觀察能力、高水準的素質與眼界、公正的立場與形象。最重要的是將記者視爲志業，終生奉獻，無怨無悔；而不是將記者視爲職業，養家活口的工具，更不是將記者當做搖錢樹，做爲晉升的階梯。

于右老說：「新聞記者是時代最快活的人。」爲什麼快活？因爲貼近社會脈動、守護社會正義、爭一時也爭千秋，這種工作多快活，讓人沉醉其中，無可救藥。陸鏗這本書寫得雖是記者專業，內涵卻良善、寬厚與眞誠。他六十三年堅守記者角色，本身已成爲一種典範、一個標竿。

陸鏗，眞大記者也。

冷笑話

阿拉丁有幾個哥哥？答案是三個，阿拉甲、阿拉乙、阿拉丙；什麼東西借了不用還？「借過」；牛奶從哪來的？答案是花，因為「花生牛奶」。

台灣師範大學英語研究所學生洪慧如所撰寫的碩士論文《中文冷笑話之語言分析》，從語言學的角度探討冷笑話與傳統笑話的差異，是台灣第一本探討冷笑話的學術論文，最近由媒體報導後，成為校園的熱門話題。

冷笑話不只是一種新興的笑話類型，還反映出現代人的心理及社會狀況。過大的生活壓力使人們打破規範，因此冷笑話通常都很荒謬或無厘頭，背離現實或常理。如果洪慧如的論點是對的，那麼現在冷笑話風行，是否代表社會充滿了無可奈何的荒謬？

洪慧如家境貧苦仍奮發向上，但在完成這篇奇特的論文後，竟然因蜂窩性組織炎不幸過世，難道人生眞如卡繆所言「荒謬是存在的本質」？

洪慧如生命的最後一程，由一千則以上的冷笑話陪伴，教室充滿著她與同學的歡樂笑語，她的離去，固然令人不捨，但她笑看人生，含笑揮別，離去的身影多麼動人。如果她知道自己竟然引起這樣的討論潮，會很開心的笑吧。

慧如去的世界雖極樂，但她的冷笑話，或許更會讓彌勒佛捧腹笑呵呵！

懷念曉雲法師

華梵大學創辦人曉雲法師，在校內慈蓮苑自然往生，享年九十三歲。

曉雲法師是在一天清晨，疏星曉風的欲曙時分，乘著山風，於高山千佛塔前趺坐，翻到憨山大師開悟時的詩句：「驀然一念狂心歇，內外根塵俱洞澈，翻身太虛空，萬象森羅從起滅，自此內外湛然，無復音聲、色相、障礙。」又聞大殿早課之鐘聲、磬響、木魚、梵唄淨境，心身寂然，思憨師母親對佛法之智慧，有助求道悲願，深受感動，便決心出家，發願創造人間淨土。

翻開她九十三年的人生旅程，是集藝術、文學、佛學、教育於一身的般若禪行者，致力於「以教育培養人才、以文化弘揚佛法」，與佛光山的宗旨不謀而合。她曾擔任文化大學佛教文化研究所所長，三十年前創辦了蓮華學佛園、華梵佛學研究所，民國七十九年創辦華梵大學，曉雲法師說：「教育與我的生命是一體的，它將陪我到生命的最後一天。」尤其是校名「華梵」意在彰顯儒佛思想，提倡道德倫理及悲智精神，格外的令人遙想。

此外，曉雲法師深愛藝術、文學、詩詞，尤其繪畫獨樹一格，將佛法融入畫境，意境更為深遠，曾獲贈行政院文化獎。

今天這「一頭為佛教教育奉獻的耕牛」，雖然離開了我們，但是經過大家共同的努力，「以教育培養人才、以文化弘揚佛法」已經在人間生根，蓬勃蔚為萬千氣象，我們也為曉雲法師賀，她完成了慈悲大願，從此真正翻身太虛空，萬象起滅，無復色相障礙。

施振榮的才富

宏碁電腦集團創辦人施振榮決定月底退休，告別七千億的企業，奇怪的是他沒有依依不捨，反而是迫不及待，有著海闊天空的期待。原來對施振榮而言，他不是退休，而是從科技的專業經理人，變爲人生的經理人，未來他要重新經營自己。

退休後，施振榮要做掖助文化體育等活動的義工，並積極投身公益事業。更重要的是，以前他創造財富，明年起要替國家創造「才富」，他已悄悄進行籌備校園巡迴演講，除了自己外，還訓練了一批義工講師做他的分身，傳遞他的人生觀、經營管理、學術與實務資源統合等概念，明年三月起先做一段實驗，九月正式上路。

施振榮展現了一個「人生以享受爲目的」生命哲學，對他而言，物質的追求，總是會到頂，甚至會變成負數，而人生的價值卻無窮盡，做有意義的事，才是無上享受。所以七千億的企業可以視之如浮雲，但爲人文價值重建做義工，生命突然有了新生的喜悅，這種享受不是物質可以取代的；他要做文化的義工，先受惠的卻是自己，原來付出眞的是一種收獲。

人最難的是心的管理，尤其是各式各樣欲望，如何管理引導，將物質欲望導引到精神面，這就是佛法存在的意義與價值，佛法就是心的管理大全，施振榮不愧是管理大師，將心管理得這麼好，值得效法。

懷念陳省身

陳省身仕生了。台灣有多少人知道陳省身是誰？電視不報導，學術界沒什麼反應，這就是台灣。

陳省身被國際數學界推崇爲「全球最偉大的數學家」之一、譽爲「微分幾何之父」，幾乎所有的人都承認如果諾貝爾獎有數學獎，他早就成爲得主，他也是有史以來唯一獲得世界數學界最高榮譽「沃爾夫獎」的華人。

陳省身是中央研究院首屆院士、大陸中國科學院外籍院士、美國科學院院士、英國皇家學會名譽會員、法蘭西學院外籍院士、義大利林琴科學院外籍院士，受到全世界學術界的推崇。而且也是中央研究院數學所、美國國家數學研究所、南開大學數學研究所的創始所長，對兩岸與美國數學發展居功厥偉。

但是台灣沒人在意這樣一位大師去世，證明台灣的淺碟型社會，大家沉迷在政治鬥爭與八卦新聞，於是迷明星，沒人迷大師；對政治狂熱、對學術冷感；大師在媒體的版面比不上大哥；所長更比不上部長，於是年輕人沒人崇拜大師，偶像調查從不見大師級上榜，學術的式微就不可避免了。

今年十月二十八日陳省身九十三歲生日，爲表彰他對人類的貢獻，國際天文學聯合會「小天體命名委員會」通過，將永久編號爲一九九八CS二號的小行星命名爲「陳省身星」。

歷史的評價才是永遠的、學術的成就才是永恆的，陳省身星將高掛在天空，我們不肯仰頭看，並無損其光芒，而這顆星將永遠的俯視著淺碟的台灣。

名與利

夜讀《星雲法語》，讀到大師說「聰明者不迷、正見者不邪、有容者不妒、心靜者不煩。」突有所感。

失去了第一夫人蔣方良女士之後，緊接著又失去了辜振甫先生，在台灣對立如此嚴重的社會，卻未見有任何人對他們口出惡言或批評，同時，無論什麼顏色皆一致推崇感念。

他們引人感念的不是事功，而在德行。辜老是商業鉅子，財大從不氣粗；他是政壇大老，功高從不震主，從不驕其氣焰，所有人懷念的是他恂恂謙謙君子風範。同樣的，蔣方良身為第一夫人，身處繁華卻恬淡自持，備極榮耀卻淡泊自在，所有人懷念的都是她方正賢良有容風華。

名與利，是人最看不開的東西，所有的紛爭混亂皆由此而生，想看破名利，幾人能夠？但是老子早就警告我們「金玉滿堂，莫之能守；富貴而驕，自遺其咎。」只有去除名利之心，才能在生命中佔據至善的位置，心靈寂靜自然，言語眞摯無妄，舉止與時推移，這就是「夫唯不爭，故無尤」的眞義。

辜老聰明、正見、有容、心靜，所以視富貴如浮雲；方良女士不迷、不邪、不妒、不煩，所以視虛名如無物，這就是我們追念他們的地方。因爲世人都是名利勘不破、放不下、丟不掉，明知不該如此，卻很難做到，所以星雲大師才要用文字一一點醒啊。

唐吉訶德生日快樂

一六〇五年一月十六日，西洋文學史上最著名的「老番顛」唐吉訶德誕生了，最近全球都在慶祝這位老番顛四百歲生日。

唐吉訶德這個「瘋子」，立志復興早已式微的騎士精神，他把風車當成巨人，把旅舍當成古堡，把普通農婦當成皇后公主，但為何能吸引世人的目光，歷四百年而不衰？

因為他追求理想的堅持，令人動容與嚮往。他有夢，以執著和熱情作指南針，用生命去追夢，他不在乎世俗的眼光，在看似神經錯亂的種種荒唐行為中，揭露著善良動機與人性中完善無瑕的純潔。

人們不敢大膽追夢，因爲害怕嘲笑，恐懼眼光。唐吉訶德出盡洋相，飽受嘲弄、羞辱，但無論別人如何看待，他無怨無悔。這本書字裡行間充滿著爆笑、戲謔、嘲諷，但是笑過之後，往往抹一把淚，讀出了笑中噙淚的樂趣。

作者塞萬提斯二十三歲從軍時，導致左手殘廢，回家途中，又被北非海盜擄走，被賣爲奴長達五年，後來當公務員又被指控虧空公款，他在獄中開始寫出唐吉訶德的世界。以他的境遇，不可能有心情寫喜劇，他是藉唐吉訶德可笑的遭遇，凸顯生命本質的荒謬。

莊子曾問誰是瘋子？是唐吉訶德？還是看書的人？如果我們沒瘋，爲何會以尊敬的心情去看一位瘋子的癡狂，而四百年不墜？

幽默筆花

《人間福報》的四季閱讀系列已經展開，第一場是由沈謙教授導讀幽默文學。什麼是幽默文學？最簡單的定義應該是字裡行間洋溢詼諧的達觀，帶給讀者愉悅的感受。

最近讀陳宏老師在《人間福報》上的專欄就有這樣的感受。上周的專欄中說：「幼年的我，體型瘦小多病，個子小，頭看起來比較大，所以同學們給我起了一個外號大頭或陳大頭。」「去大陸約了童年同學見面，迎接的人大吃一驚，因爲要接的是『瘦瘦小小、頭大大的』，卻出現一個龐然彪形大漢。」讀到這裡讓人噗哧笑了出來。而昨天的專欄說最近漸漸無法笑了，謠傳他是用笑與不笑來分別人等，於是陳老師說：「考慮請家人找一個頑皮猴的面具戴在臉上。」病成這樣，還能如此輕鬆談論人生，以幽默對待謠言，以笑容迎向讀者，讓讀者感受到快樂。馬克吐溫說：「快樂即是健康，憂鬱才是疾病。」陳宏老師雖然身不能動、口不能言、臉不能笑，卻比很多人都健康；而每天愁眉苦臉的人才是病人。

人們爲了追求快樂，花大筆錢追尋各種快樂的仿冒品，其實眞正的快樂物美價廉，就是以幽默的心情面對人生，以諧趣面對困難，帶給旁人因感動而興起的愉悅。陳宏老師筆下生花，完全沒有愁雲慘霧，我們好端端的人又有什麼資格天天愁眉不展呢？

幽默是靈魂的按摩，笑容是生命的SPA；幽默開懷，就是逍遙佛祖；樂天達觀，就是快樂神仙。祝福大家天天開心，時時開懷，學學陳大頭，很多事就不會頭大了。

三人行必有我敬

佛光人文社會學院未來學系所主任周春堤教授三月二十一日仙逝，趙寧校長在《人間福報》刊出周教授在電台訪談說的一段話：「孔子說：三人行必有我師焉，但是我覺得三人行必有我敬焉。三個人在一起，總有一個人是值得我尊敬的。可能他功課不好，但他孝順父母親；可能他酗酒，但他對國家民族的意識或歷史的看法，有其獨到的見解。人人都有其長處，有其短處。儘可能多看人的長處，包容人的短處，這就是一個美好的世界。所以說地球上寸寸土地都可愛，人世間個個人兒都可親。」

昨天同時在報上看到一條新聞，一家車廠失竊，查出小偷之後，老闆帶人去他家算帳，結果小偷正在餵食八十歲老母，這位老闆看到了小偷的孝心，決定聘他爲垃圾車司機。

很多人都慨嘆現在的社會好冷漠、好無情，結緣塵世，卻寂寞得發抖，生命苦澀得頑固。因爲二十一世紀的人，都將自己的心嚴嚴密密地防備起來，拒絕輕易被撥動。

其實只要我們常去看別人的長處，在某一剎那，心中某一根隱密的絃忽然被撥動，就會看到人間的種種可愛可親。自己要先張開手臂，敞開胸懷，才會發覺圍籬不見了。咖啡有了糖，人生處處皆桃源；住的是公寓，只要心似草原，生命就無限廣闊。

車廠老闆大肚能容，周老教授慈顏常笑，何必整天怨天尤人，傷春悲秋；換個心情角度，會發現地球寸寸土地都可愛，世間個個人兒都可親。

野火燒又生

民國七十四年，龍應台《野火集》出版，這把火瞬間燎原，炙熱了心靈，炙痛了社會，成爲最嘹亮高亢的清音。今年野火二十歲，龍應台決定八月回國定居，到清華大學客座教學，而出版商也決定重新出版《野火集》。

這二十年來，台灣發展一日千里，從打破威權到進入民主，野火燒出來的問題大都獲得了解決，但是新的問題卻層出不窮，我們是不是需要再燒一把火？

現在與二十年前有什麼不同？龍應台說寫野火時，至少是黑白較分明的時代，但現在黑白不分。黑白分明的時代，你需要敏銳度，一些勇氣；二十年後，你眞正需要的是洞見。

到底還維持了野火時代一貫的敏銳。以前與威權對抗，清楚知道敵人與同志在那裡，清楚感受到社會還有一股正直熱情的力量，清楚明白眞理與知識受到尊重。但是現在不一樣了，妳燒妳的火，沒有人在意。其實龍應台的火並沒有停止，她一大篇一大篇賣力吶喊，卻遇到了虛無的無力感；她放火，政治人物不痛不癢的隔岸觀火；她不想咀咒四周黑暗，卻連蠟燭都無法點亮。

野火二十年，我們進步了多少？我們的政客操弄民粹，我們的政治人物欺騙選民，我們的政府官員顢頇傲慢，我們的民意代表粗劣不堪，我們的貧富差距正在加大，我們在二十一世紀現代化的半路上，走得跌跌撞撞。

是的，野火二十年，唉！火冒三丈。

生命的彩券

李啓豪，台中市南屯區家樂福大墩店外，最美麗的街景。

李啓豪，印刷設計公司老板，卅歲開BMW跑車，卅一歲當上全國最年輕的獅子會長，少年得意，生命飛揚。六年前發生車禍，接著公司被倒債三千萬元，父母相繼離世，車禍讓他全身癱瘓，只剩眼珠能動。躺在加護病房二個月，聽見無數病人哀嚎、家屬哭喊，看不見一絲絲希望的恐懼，他決定自殺，鮮血染滿床單。

六年來，走過生命幽谷，現在的李啓豪坐輪椅，在家樂福大墩店外賣吉時樂彩券，每天八個小時，刮風下雨，再苦也忍耐，爲了照顧子女與家庭，也爲找回生命的尊嚴。他回過頭來，看現代人動不動就自殺，甚至帶著子女去死，李啓豪覺得好痛。

讀讀李啓豪的故事吧，你比他淒慘嗎？憂愁時猛抓頭髮，不僅無濟於事，只會抓出一個禿頭來。

人的生命就是一場不斷與挫折的博鬥，如何在格鬥倒地後，能重新站起來，才是眞正的勝利。很多時候我們以爲沒路了，其實是轉彎的時候到了，但是要向左轉還是向右轉，或是原地徘徊？這是對勇氣與承擔，最嚴酷的考驗。能通過這種淬練，生命光芒萬丈。

讀李啓豪的故事，很受感動。想起星雲大師說：「殘缺生命，也能彩繪出美麗的詩偈。」如果你現正處於生命的低谷，想想李啓豪，也許有力量從心中蹦出。

生命的導盲

《人間福報》社長永芸法師今年七月去哈佛燕京圖書館短期進修，自前天起在福報副刊連載〈哈佛燕京的沉思〉，昨天刊出「ANNE和她的導盲犬」，讀著ANNE的生命故事，報紙上墨痕突然躍動了起來，一種生命的情思撲面而來，感動得幾乎措手不及，像在暗室突然見燈，滿目一片燦然。

ANNE是一位極度弱視的中國女孩，靠著導盲犬的幫忙，才能行動。但是她卻到英國讀高中，去柏克萊上大學，來哈佛攻博士，生命雖然顛簸，不能阻擋她前進的腳步；前途雖然躓踣，不能阻擋她求知的慾望。從永芸法師清麗典雅的筆鋒，看到了錦繡人生的標示；在流暢動人的行間，與一個美麗的身影相遇。

最近台灣自殺事件激增，自殺竟然躍居十大死因，遇到困難輕易的放棄、遭遇挫折輕易的逃避，會讓ANNE笑你們好傻。盼在風雨中徘徊的人，都來讀一讀ANNE和導盲犬MISTEL的故事，會讀出陽光的心情，明亮的視野。

生命對ANNE而言，是上天開了一個大玩笑，她天生弱視，以至於無法開刀，但是看不見，不能阻止她爲生命找出路，用決心與毅力導盲；看不見，不能阻止她爲人生找亮光，圖書館是蒼茫暗夜中的燈。ANNE看不見嗎？不是的，她的目光灼灼，清晰看到自己的方向，看得比雙眼健全的自殺者，明亮清楚得太多了。

楊文港的美麗花園

人間五月天，春意盎然，花開了。在花蓮縣吉安鄉茗新花園農場裡，雙喜香水、金黃色葛登香水、粉滾紅、沙蔓莎、紫精靈、香檳、寶島紅到日本武士，各式各樣的玫瑰怒放，爭研鬥艷，好不熱鬧。夜來香、澳洲百合、向日葵、野薑花，劍蘭、桑椹豈甘於寂寞，也拼命翻飛，花容嬌艷。一座花園成了比美大會，美在這裡綻放，浪漫在花間搖曳。

花園的主人拿著鋤草工具，走向花園卻失足跌倒，路過的人以為他喝醉了，他是醉了，醉在花的懷抱中。

昨天媒體報導了罹患腦性麻痺的楊文港故事，他在兩歲時，因發高燒，家人沒錢送他就醫，不幸燒出了腦性麻痺，說話不清楚，走路失衡，常常跌倒。廿九歲時，爲了證明自己也能獨自謀生，開始種花，種出了新的生命。

世界上有幾十億人，每個人都是一個故事，沒人的故事是一樣的。其中有些人的故事特別辛酸，充滿了坎坷與顛簸、負載著不幸與艱苦，但是命運一樣的人，卻往往有著不同的結局。向命運低頭的人，一輩子在黑暗的角落哭泣，另有一種人，是向生命的礫土挑戰，在寒冷冰凍的礫原上，開出美麗的花朵，讓生命重新綻放。楊文港就是這樣的人，他種花，將生命種出一片繁花似錦。

花、是生命的風景；花、是美麗的信使；花、是情感的呼喚；花、是楊文港人生的故事，請來一起聆聽楊文港的花說了些什麼？

宇宙大花園

為什麼人們喜愛花朵？為什麼人們徉徜花園？因為喜愛花的五彩奪目、親近花的繽紛燦爛，花以各式各樣爭奇鬥研顏色，替世界塗上美麗。前兩天福報一版用了好大張春雪鬱金香的照片，白雪紅花相輝映，看到的讀者一定會忍不住「哇！」的驚嘆，享受那種被美麗顏色撞擊的快樂。

但是台灣最沉重的話題是「顏色」，人們彷彿得了色盲，竟然皆獨沽一色，而且還對其他顏色流露嚴重的敵意，台灣得了「顏色分裂症」，看在花神的眼中，眞的會笑我們好傻。

昨天有機會認識滿謙法師，她說其實這個世界是個宇宙大花園，一座美麗的花園需要各種顏色的花朵，如有白色的含笑花，也需要紫色的薰衣草、紅色的玫瑰、黃色的向日葵，橘色的雛菊、綠色大地等來襯托包容，方能成爲美麗的世界。我們的台灣同樣的有各種族群，如原住民、客家人、閩南人、福建人等，需要相互融合，相互包容才能成爲美麗的寶島台灣。

這也令人忍不住「哇！」的驚嘆，用彩色的心看世界，就看到了繽紛的快樂，享受燦爛的心情，心就是小宇宙，心中有個花園，就能看到美麗的世界。

花受雨露才能吐芬芳，如果我們將心打開，讓彩色進駐，愛所有的顏色，這就是大花園的雨露芬芳。

哈「佛」族林百里

廣達董事長林百里在接受媒體訪問時，引述一項調查指出竟然有百分之八十五的年輕人對生活不滿意、百分之九十的年輕人對未來沒有規畫，眞的讓他嚇一大跳。林百里感嘆，現在的年輕人對未來沒有規畫，「只有野心沒有信心」。他以爬山為例，必須先爬過圓山、七星山、陽明山，再去爬玉山；如果圓山、陽明山都沒爬過，一下子就要去爬玉山，「那不是自信，而是野心！」這是現在年輕人的通病。

從小我們就被教導萬丈高樓平地起，一步一腳印，踏實築夢。但是現代年輕人想飛，往往一飛沖天，恨不得明天就迎風傲視，世界都在腳下。

偏偏百分之九十的年輕人竟然都沒有未來的藍圖，沒有飛行路線圖，所以林百里願意到高中演講，要教導同學拒作草莓，寧是不會一捏就碎芭樂，至少要有信心，而不是只有野心。

登高必自邇，不論是王永慶或是林百里，能夠有今天都是從山腳下爬起，先爬上小山，累積了經驗，培養了腳力，抵抗了霜雪，才能夠攀上巔峰，快意迎風。林百里說的是年輕人，其實是在講自己的攀登心得。

近來社會上哈「日」、哈「韓」風潮盛行，林百里說將來年紀大了，要去「哈佛」；不是去當馬英九的學弟，而是要去當哈「佛」族。林百里對年輕人的關懷，其實就是在哈「佛」。

追慕傅斯年

台大傅園前天重新啓用。擁有五十四年歷史的傅園，是台大已故校長傅斯年的長眠之處，台大知名的傅鐘也是爲了紀念他，事實上傅斯年只擔任了一年多的台大校長，是任期最短的校長，爲何卻最受到各種榮寵？

今天傅園重建，漫步在優美而希臘的傅園，不禁興起典範在夙昔的追慕。

一九四九年十一月十五日，傅斯年發表校慶演說，以「敦品、力學、愛國、愛人」八個字，諄諄告誡，這八個字成爲台大校訓。知識分子以學問做後盾，做愛國的先鋒，五十五年後看看台灣當前的知識分子，有沒有做到傅校長的期許？

台大有一個有名的故事，傅斯年含著煙斗踱到生物實驗室，看到同學正在看草履蟲，他說：「我在倫敦的時候也看過的。」有位同學開玩笑說：「你吹牛！」校長哈哈大笑而去。他的寬容與民主，奠定台大的學術根基、研究典範與自由傳統風氣，成為台大五十五年來的甚本精神。

台大「傅鐘」每節上下課都會鐘響二十一聲，因為傅斯年說：「一天只有二十一小時，剩下三小時是用來沉思的。」行走在椰林大道上，聽著傅鐘二十一響，傅斯年為台大留下的恆久遺產，就是我思故我在的精神。

傅斯年校長在校慶上呼籲「貢獻這所大學以宇宙的精神」，五十五年後仍感唇齒的激越與鏗鏘，什麼是「宇宙的精神」？就是自由、包容、寬闊，這正是當前台灣最缺乏的東西。

最棒的演員雷根總統

美國前總統雷根病逝，全球皆感悲傷。雷根總統與夫人南西皆爲演員出身，如今人生的幕落了，懷念的掌聲卻從四面八方響起。政治本來就是一個最大的舞台，雷根有機會粉墨登場，角色詮釋精湛，演得眞棒，他是最棒的演員。

美國人認爲雷根是近代最偉大的總統，美國人最津津樂道的是他幽默而樂觀、謙遜而果敢的特質。雷根總統幽默風趣，妙語如珠，常逗得美國人樂不可支，而他面對大小危機時，往往仍幽默以對，展現出樂觀的信心，雷根式幽默是味永的諧趣、文雅的戲謔，讓緊張的政治也可以漾起笑紋。

其次，雷根出身民間，雖貴爲總統，卻平易近人，他常常自嘲，流露出一股迷人的謙遜，因爲謙遜，反而贏得尊敬。但是謙遜不是懦弱，不是害怕，雷根總統在冷戰結束的最後關頭，讓世人看見了他以果決的行動，堅決的意志，完成了打破冷戰的歷史任務。

雷根贏得尊敬，歷史會記得他的，這才是政治人物追求的境界。布希總統說：「美國上下同感哀痛。」事實上全世界都感到哀痛。

爲紀念雷根總統，美國特別將新造的航空母艦以雷根爲名，「雷根號」將承擔雷根總統的精神，在海洋巡弋爲人類和平守望。而雷根總統的形象也將如航空母艦般，停泊在每個懷念他的人心中。

你沒有資格自殺

這兩天都是自殺的新聞，看得人心中好難受，忍不住要說這些人好傻，爲什麼這麼傻呵！

政治的紛擾不堪，民眾的心靈驚惶難安，加重人心的驚懼，政治人物要重視這樣的社會現象，這些人都是同胞骨肉，握有權力的人必須面對且加以解決，尤其不能讓自己成爲人民自殺的原因。

其次，媒體難辭其咎。在紛擾的年代，媒體有沒有推波助瀾？有沒有驚嚇人心？有沒有製造對立？有沒有誇大社會的黑暗面？有沒有成爲驚悚的來源？

當然，最重要的還是自己的把持。你看過《人間福報》漸凍人陳宏先生的文章嗎？他不能吃、不能動、靈魂被禁錮、人生被凍結，只剩下眼皮能動，生命在眨眼之間，這是人生最淒慘的遭遇。剛開始，他也排斥人生，不見任何人，更不想讓別人看到昔日的大漢，變成今天這副模樣。但是慢慢的，他打開心防，願意再一次擁抱世界，縱然只剩下眼睛。

看陳宏的文章，有壓抑不住的生命力透紙而出，他不能動卻好活潑，他被凍住卻好熱情，他不能言卻道出了生命的眞諦，他用寬闊的心包容生命的苦難，只要眼睛能動，他就不會放棄生命。

你比陳宏悲慘嗎？你比陳宏痛苦嗎？他用眼睛譜出生命的樂章，你好手好腳，一切健全，你哪有資格自殺？連想的資格都沒有

夢的登峰

阿看奧斯卡金像獎頒獎典禮，突然受到深深的感動，希拉蕊史旺在獲得最佳女主角獎致詞時，哽咽顫抖地說：「我只是個在拖車上成長，懷有夢想的平凡女孩。」貧窮沒關係，只要努力讓夢想起飛，平凡女孩也可以創造不平凡。

希拉蕊史旺在「登峰造擊」一片中，就是精湛詮釋人類對夢想執著的堅持，令人動容而獲獎。一個娛樂文化的頒獎典禮，因爲有了感動，竟有了哲學的深刻，詮釋了生命的高度。

人們常說：「人類因夢想而偉大」，所以「有夢最美、希望相隨」。但是希望只是憧憬，作夢容易堅持難，能堅持夢想的人才眞正偉大。看到希拉蕊史旺站在台上笑得燦爛，多像黑夜星光中綻放的美麗煙火，絢麗奪目，令人目眩神迷。每一個人都可以嚮往，都可以築夢，但是煙火不會自己沖天綻放，最重要的是被點燃，所有的美麗燦爛都需要火，需要被點燃。夢是煙火，靠堅持點燃，才能在夜空做最輝煌的展示。

「夢」這個字在台灣是流行詞彙，從廟堂到鄉野，人人都有夢，但是台灣爲何沒有因爲這麼多夢而偉大？因爲夢沾了太多的口水，成了夢囈；只有堅持的人，才能「登峰造極」。

台灣能不能在世界舞台上做最佳演出？陳總統是導演，全民是演員，哐哐哐，大戲要開鑼囉！

卷三

腹有詩書氣自華

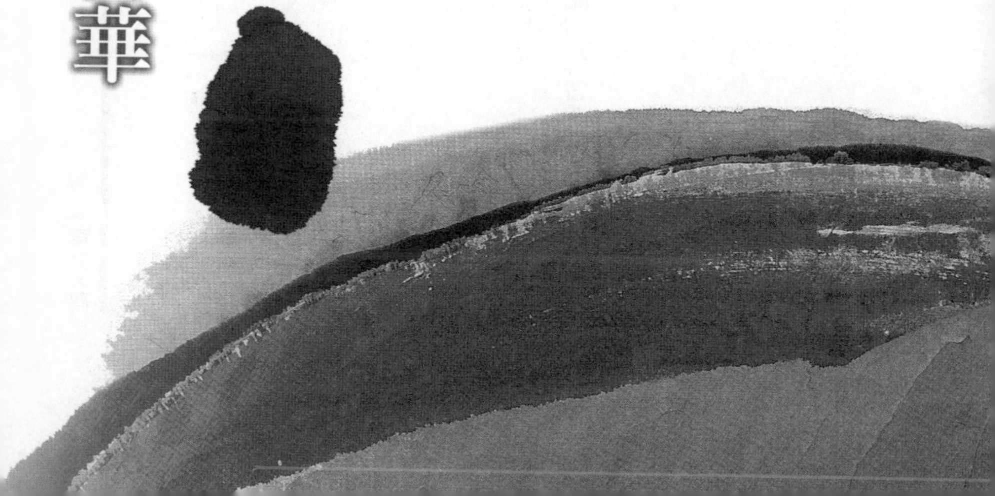

雜誌界的「皇冠」

撫著厚厚六百頁，超級精裝本的的第六百期《皇冠》雜誌，才驀然發覺這個月是《皇冠》創刊五十周年，一本沒廣告的文學雜誌，能夠在台灣社會存在五十年，想來眞是一件讓人快樂喜悅的事。

一路走來，皇冠的路並不平坦，第三期就虧損到幾乎難以爲繼，後來也曾多次發生危機，陷入幾乎發不出薪水的窘境，但是在平鑫濤先生率領下，行到水窮處，終於坐看雲起時。

五十年的皇冠記載著多少作家心靈的秘密，流動著多少生命與靈性的結晶；五十年來皇冠就是台灣文學發展的縮影，是一頁文學史的見證。六百本的皇冠印證文學的動態與思潮，記錄著時代變遷的梗概，更映現了許多優美的心靈，作家司馬中原、朱西寧、高陽、華嚴、瓊瑤、林懷民、趙寧、三毛……，都是皇冠帶給社會重要的無形資產。

曾有人質疑皇冠走通俗與大眾的文學路線，其實嚴肅與通俗，精英與大眾，在多元社會是並行不悖的，甚至大眾文學帶給社會閱讀的養分，常超越嚴肅雜誌的。只要卷卷皆可讀、期期皆精緻，塑造出自己的品牌風範，成為作者與讀者之間心靈的橋樑，這就夠了。

五十年六百本，皇冠始終靄靄發光，不愧是文學的皇冠，是雜誌界的皇冠，但平鑫濤先生並不是坐擁皇冠的君王，他只是文學花園中的園丁，灌溉出繁花似錦的天地。

人文化成

李家同教授爲了測試大學生是不是受到良好的通識教育，出了一分考題，並將結果以「大學生知多少」爲題發表在媒體上，評論現代大學生缺乏基本人文常識，此文這兩天在BBS上引起激烈討論。

有人將此問題焦點放在對通識教育的檢討上，這是對整個問題的窄化；有人認爲不懂時事又有什麼嚴重，這是將問題淡化；有學生認爲文史哲學生也不懂科學，這是對李教授苦心的矮化。有人說不同的成長背景，造就出不同的世代價值。也有人說懂了這些又不會讓日子變得更好。

易經說「人文化成」，簡單的解釋就是指親近文化涵養成人。一部中國文化史就是人文化成的歷史，從孔孟開始講人性，強調文化薰陶，到了宋明理學講變化氣質，都在建構「人文精神」。什麼是人文化成呢？即是透過與文化的親近，養成一種心靈的品味，一種生命的內涵，一種氣質的薰陶，更高層次是一種人對自己做爲人類一分子的自尊，以及對其他人類社會成員的尊重，更是不斷致力於提升人類生活的水平及精神的境界。

如何親近文化呢？廣泛的閱讀、對藝術的貼近、對事務的好奇、讓心靈成爲海綿，人生的價值因而建立。

不錯，李家同如果問的是數位相機、手機型號，甚至如何挑選染髮劑，大學生一定頭頭是道。不識米開朗基羅，不讀白鯨記，好像不會有什麼損失，只要會用google就好了，但是生命中一些很重要的質素，卻在悄悄地流失中。

腹有詩書氣自華

最行經台北光華橋，看到橋頭有警告告示。台北市政府相關單位前天向馬英九市長進行「都市更新方案簡報」，警告光華橋已有卅餘年歷史，耐震力、承載力、耐久性均已不符合現行規範，若遇五級以上強震恐有危險。馬市長立即裁示，加快拆橋腳步。

讀到這樣的新聞，心中怔忡許久。光華橋是太多愛書人共同的記憶，橋上車如流水馬如龍，橋下書如流水人如龍。光華商場在市聲塵囂中，「腹」有詩書氣自華，八德路形色匆匆，這座橋「胸藏萬卷」，靜靜地向讀書人說法，管他橋上幾次輪替，橋下只有知識在東一堆西一堆的舊書中翻湧。在光華商場買舊書，書上還有前人的手漬與墨跡，有別人的眉批與註釋，完全不認識的兩個人，卻因為使用過同一本書，而有了連結，這是多奇妙的因緣。

後來，台灣經濟起飛，孩子們少用舊書了，光華商場成了電腦的新寵，仍然是年輕人駐足的天堂。

這樣的一座橋，包容新與舊，融合現代與傳統，現在要拆了，總讓人難捨。但是生命本就是一場不斷遇合又不斷分離的過程；因為遇合，才有驚識與深情；因為分離，才有不捨與牽絆，這是生命情境的本質。重要的是在驚識的過程中，有沒有留下美好的點滴。有此一念，竟可以從容地與光華商場揮一揮手，光華橋並沒有被拆除，仍橫亙在我的書架上。

看人間福報好好喔！

星期二參加《人間福報》主管會議，突感不適，勉力先寫完「人間世」，然後去台大醫院看診。在做超音波時，感受到醫護人員格外貼心殷勤周到，詢問之下，她說：「我是《人間福報》的忠實讀者，每天都看人間世，剛剛看到病歷表上的名字，知道是您。今天的人間世一大早我就看了耶！」突然什麼病痛都沒有了，讀者的讚美是天下最佳的良藥。

臨別時一再的謝謝，她說：「看《人間福報》好好喔！」我知道她的意思。醫院是天下最悲苦哀痛的地方，看盡了不甘與哀嚎，聽遍了怨苦與痛楚，心會慢慢冷酷，慢慢的愈來愈硬，因爲硬得像鐵石，才能冷眼面對一切。但是，每天看《人間福報》，能夠保持一顆柔軟的心，保有對人們的關懷，有溫情在心中升起，讓人覺得活得有力量、有朝氣。她就讓我有這種感覺，很貼心。

所以，《人間福報》是每一家醫院最應該擺的一份報紙。她說以前看報紙，政治與社會新聞多到看得很煩，但看了《人間福報》之後，心情好多了。這位讀者其實是媒體超音波，將當前媒體的問題全都顯相了出來。

我不知道妳的名字，這篇人間世獻給妳，妳是幸運的人，有《人間福報》每天相伴，好好喔！

蕭孟能星沈

文星雜誌及文星書店創辦人蕭孟能病逝上海，文星星沉，文心沉默無語。大陸出版的《台灣出版史》一書這樣評價文星書店：「一個書店以其出版的一本雜誌和一套叢書，在台灣出版界劃出了一個時代印記，它不僅在整個文化界、知識界激起波瀾，也開啓了台灣出版業的新里程。」

蕭孟能畢業於金陵大學，一九五二年在台北衡陽路口租下一個小攤創辦文星書店。書店最早發售和翻印西書，也出版一些兒童讀物。一九五七年文星雜誌出刊；一九六一年十一月，李敖在《文星》發表〈老年人和棒子〉；一九六三年發行《文星叢刊》，李敖正式加入，出書量多質好速度快，可能是台灣最受歡迎的叢書，從此文星成爲出版界最閃亮的明星。但它卻是流星，燃燒瞬間的極美，一閃而逝。

現在很多的寫手，當年都是汲取《文星》的養分成長的。但台灣不可能再出現像「文星」這樣的書店，那是一個波瀾壯闊的時代，文星恭逢其勝，鼓動風雲，引領浪潮，傲笑浪頭，卻在一九六八年四月一日滅頂，留下悠悠長嘆。

「文星」來自杜甫的詩句：「北風隨氣爽，南斗避文星。」事實上，杜甫此詩的首句是「斧鉞下青冥」，說明了文星的命運；最後一句「垂老見飄零」，更爲蕭孟能的過世寫下了註腳。

文星十年，一頁出版史。

特別ㄉ現象ㄋ

國中ㄉ第一次段考剛過，台北縣ㄉ某國中一年級自然科試卷ㄋ，竟然考ㄌ注音符號ㄉ短文，這種現像ㄛ，雖然令有些人憂心，但是ㄇ，在網路上己經形成ㄌ氣候，一ㄍ新的書寫方式必須面對，不容迴避。

如果上述的文字，你讀起來很吃力，那一定會被七、八年級生笑ㄏㄏ，因爲這種書寫已是網路文化的重要符號，幾乎席捲網路，成爲標準用字，不能再以一個特別的單一現象視之。

注音文目前幾乎已經形成規範化書寫，包括ㄉ是「的」或「得」、ㄚ是「啊」或是

「阿」、ㄌ是「了」或是「啦」、ㄇ是「嗎」或是「嘛」、ㄋ是「呢」、ㄛ是「哦」或「喔」、ㄟ是「喂」、ㄍ是「個」、ㄏ是「哈」或是「呵」。

這種新文體成爲新世代的共同語言，變成網路文化約定成俗的新名詞，絕不能再以小眾文化等閒視之。目前由於網路輸入的便利性，還侷限於網路書寫，尚未入侵紙筆書寫的領域，但是國中考卷開始出現這種試題，一定會有老師標新立異跟進，是否會有一窩蜂的情形，令人憂心，必須進一步觀察。

如果學生們ㄉ作文ㄋ，都是用這種方式來書寫，ㄟㄟ，你看得懂ㄇ？這種文章流傳後世，ㄏㄏㄏ，才眞ㄉ是「古文觀止」ㄚ。

七五〇〇

這是個什麼數字？這是昨天《蔡雪泥——功文式教育的領航者》新書發表會，現場賣出的數量，恐怕是台灣出版的新紀錄。很多人看了會羨慕吧！是值得羨慕，因爲賣書盈餘全部捐出做慈善公益，這就是蔡雪泥。

細細閱讀這本書，其實道理很平凡，但是平凡中藏著令人驚艷的不平凡。全書可分爲三個層次，第一是不要怕跌倒，重要是如何站起來。蔡雪泥在書中每一行顚簸，在每一段流離，種種的困境與挫折橫亙，一波波失意痛苦翻滾，但她勇敢迎向寒徹骨，終於享受梅花撲鼻香。這本書告訴我們，挫折是化了妝的成功。

但是要如何成功呢？這本書第二層次說的就是成功的秘密。做人處世，以誠爲本；踏實工作，不速成、不冒進、不弄虛做假、一步一腳印；與人相處，「了解」是人我之間的黏合劑、「諒解」是朋友之間的消毒藥等。蔡雪泥的成功方程式並不特殊，甚至是老生常談，但是能實踐，絕不容易。

第三個層次在「給」。成功之後，慈悲感恩，福利社會，才是完美的成功。蔡雪泥說：「福，要分一點給人家吃。」分出去，會發覺自己並沒有減少。

翻開這本書，沒有太蕩氣迴腸的故事，也不是空谷足音式的傳奇，但輕輕貼近，卻有驚雷在書頁的翻動中，響起。

讀書

「二〇〇四年全民閱讀終生列車」昨天快樂地駛向板橋，讓人想起精勤於讀書的鄭板橋，他讀書是「每讀一書，必千百遍。舟中、馬上、被底，或當食忘匕箸，或對客不聽其語，並自忘其所語，皆記書默誦也。」讀書到這種地步，眞可謂書痴了。

昨天的活動邀請民生報社長項國寧、人間衛視總經理張宗月、《人間福報》社長永芸法師、總主筆柴松林以及我等，度過了充滿書香味的星期假日。

先進國家檢視社會的進步，都以讀書風氣是否盛行、知識尊嚴是否受到尊重做爲指標。出版《改變歷史的書》、《改變美國的書》的唐斯博士語重心長的說：「書，是一種極有力量的工具與武器，其動力有時強大到足以影響歷史發展的方向。」整個社會經由書的耕耘、開拓、累積，足以引領價值的走向，激發新的思潮，歷史由此邁向巔峰。

就算不必如此「書以載道」，書至少可以淨化心靈、愉悅性情。書是會呼吸的思想、能焚燒的字、是靈魂的回聲、是愛的流動；扉頁的翻動，生命在其中更新。

昨天風雨，板橋講堂風聲、雨聲、讀書聲，聲聲入耳；笑聲、掌聲、主講聲，聲聲智慧；好美麗的星期天，大家一起來讀書吧！

心靈地標

最近文壇大事是「聯合文學二十歲」，欣喜一份文學刊物雙十而立，風華正茂。但是環顧當前文學環境，卻有寒意升起，《聯合文學》不應只是冬天貧瘠荒礫中的雪松，而應是春天繁花似錦裡的玫瑰。

台灣的四、五年級生，很多都是汲取文學養分長大的，那是文學閃閃發光的時代，許多人懷抱著文學的夢想，文學出版品是市場的強勢消費，文學出版社是市場寵兒，大家以胳臂下夾本文學書爲榮。

但近十年來，文學的出版社不是落寞關門，就是轉型求生；文學書籍成爲市場邊緣，在電子產品的強勢入侵，以及其他書種大量崛起的雙重夾擊下，文學在市場的角落瑟縮，現代青少年離文學愈來愈遠。

《聯合文學》二十年，數遍文壇盛事、看盡文壇起伏，從作家比明星還吃香的時代，到現在明星出書比作家好賣的時代，應該有很深的感慨。

陳水扁總統前天親臨《聯合文學》會場致意，他表示，「聯合」代表「包容」，台北一〇一是台灣建築地標，文學則是台灣人的心靈地標。陳總統說的沒錯，但是現在文學低迷，是否正反應當前台灣人的心靈失去了地標，所以大家混亂迷惘？

文學不應只是少數人口的奢侈品，應是全民生活的必需品，尋找文學，重建心靈地標，是當前台灣重要的工作。

稿紙越獄

昨天開始，剛上市的《皇冠》雜誌一月號全面回收下架，這是《皇冠》創刊五十年來的第一次，引起很大的注目。原因是刊登了一篇由桃園龜山監獄受刑人蕭國昌投稿的〈咖啡與牛奶〉，沒想到，卻是抄襲知名網路作家藤井樹出版的小說《BB棟十一樓》中的一章。

最近十年，透過獄政革新以及歐銀圳等多位民間有心人的努力，寫作在監獄開花，受刑人筆耕，在心田上種出一朵朵的美，讓灰幽的牢房也能繁花似錦。我們擔心此事件，是否會產生外界對受刑人作品敬而遠之的後遺症，打擊了剛起步的監獄文學。

鐵窗關不住靈感的翅膀，囹圄繫不住飛揚的文字，書寫帶著思緒，輕易地飛越了高牆，跨過黑水溝，這種稿紙越獄行動，給了心一個海闊天空的新天地。闖關千萬里，如果能化爲鉛字，這是一種自我的假釋，文字的救贖。

由澎湖鼎灣寫作班出版的《來自邊緣的故事》一書，扉頁上寫著：「透過書寫，受刑人在文字裡泅泳酘，寫作是生命的一道窗口，也是凝視自我的反觀過程。當高聳的圍牆裡，忍不住吹拂起春日的微風時，受刑人便像溯游的魚群一般，向陽光多處游去。」

不要讓此事，阻擋稿紙的越獄行動，阻擋他們游向陽光的泅泳。雜誌與圖書出版界必須擔任這些越獄稿紙的接應，印刷成鉛字，越獄才大功告成。

李家同的諍言

地球上的生物，只有人類會寫字，透過書寫，文化才得以傳承，文明才得以建構，人類世界才具有形而上意義。但是任何文字都需要一種工具，才能將文字表現出來；在所有的文字載體中，報紙最被人廣泛閱讀，所以報紙不只是新聞的報導，更重要的是新知的傳遞，通識的傳播，既有廣度也有深度，多元而豐富，這才是理想的報紙。

最近幾天翻開報紙，成篇累牘都是仁愛醫院的新聞，此一新聞有其重要性，但是讀者需不需要每天打開電視或報紙，幾乎只能看這一條新聞，一窩蜂到這種程度，這就是當前台灣媒體最大的問題。

李家同教授十四日在聯合報發表了一篇長文，文中建議弱勢的孩子們可以多讀有趣味的知識性文章。他說：「在此，我建議大家看人間福報的一些有趣報導，大多數的文章是有關科學的，一概很短，非常適合孩子們看。看了以後，可以增加知識。」對長期致力於美好知識傳遞的《人間福報》而言，這是很深的鼓勵，但是隨之而來的不是自滿，而是更多的虛心與惶恐，有李家同教授煦煦的注視，《人間福報》只有更努力檢視本身做得不夠的地方，在創刊將滿五周年之際，加以精進。

李家同教授學的是科學，卻在文學上交出燦亮耀眼的成績，原因是他像海綿，透過廣泛閱讀，在文字的背後思考，將理性的科學揉合感性的文學，提升到哲學的高度，所以他從深厚人文素養中流露的哲思，折服了廣大讀者。

也許不是每個人都能變成李家同，但是只要是人都應該閱讀，尤其是弱勢團體的孩子，而報紙是最簡單的捷徑。因此媒體不要再沉迷八卦與政治惡鬥的新聞中，千萬不要忘了傳播知識、守望知識的責任。

在月台轉彎

「四十四年冤獄，文盲練成名作家」，昨天在《人間福報》一版頭條看到這樣有趣的標題，立即被深深吸引住。十九歲的里多在四十四年前被控謀殺罪，但他沒有自暴自棄，從文盲開始自學，進而寫作，一九七七年作品首度獲獎，一九九九年作品被改編，且獲得奧斯卡金像獎提名，現在他因被誤判獲釋，已是六十三歲的老人了。

看了這則新聞，你的感覺是什麼？替里多抱不平？痛恨種族歧視？是驚嘆？還是感悟？

老天關上了一扇窗，眞正的勇者絕不甘心在黑暗中沉淪，而是努力替自己重開一扇窗，讓陽光照進來，哭泣並不能讓生命之花重新綻放，只有陽光才能。

突然想起了花蓮監獄寫作班出版的一本《在月台轉彎》，也許人生不會都是一帆風順，沒有照計畫往前奔馳，有時生命得在月台轉彎，從此雙軌殊途，但是換了車、轉個月台，仍然可以找到正軌，走出一個正確的新方向。

書中一篇〈在月台轉彎〉文章中說：「前塵往事的貪嗔得失愛恨情仇，想來不過一場莊周夢蝶，在時間的蓮座前，多少的恩恩怨怨，終是江湖相忘，菩提涅槃吧。」這種文筆，使台灣受刑人不讓里多專美於前。

但是想要有這樣的體悟，第一步要閱讀，然後心有所感，發抒爲文，在寫作的過程中，反覆思考，形成對生命本質的淬鍊，然後提升，心靈爲之清淨。里多的四十四年，就是一場用文字洗滌靈魂的過程。

和衷共濟

陳水扁總統與親民黨主席宋楚瑜昨天再度會晤，聚焦兩岸和平、國防安全、族群和諧等三大議題。四年前，第一度「扁宋會」也在台北賓館舉行，當時雙方討論的政黨合作、兩岸關係等議題，如今尚存且更惡化，令人感嘆。

台灣人民最大的不幸是兩岸長期阻隔，讓數百萬追隨政府來台者望斷鄉路；加以近年來政客操弄族群意識，激化對立。同室操戈造成嚴重內耗，耽擱了國家前進的腳步，疲累了人民的身心。

人民的聲音已經告訴我們，國家需要休養生息。家和萬事興，台灣絕大多數百姓渴盼族群和諧、朝野和解、兩岸和平，政治家有責任實現這些願望。今年元旦，陳水扁總統談話回應將開啓政黨協商對話，尋求化解政黨紛爭。

「扁宋會」爲和解與合作邁開第一步。陳總統特別選了書法大師的墨寶「眞誠」兩字送給宋楚瑜，彰顯自己期待宋楚瑜眞心誠意相待，並期許未來政黨能夠眞心和解與誠意合作。的確，眞心誠意是合作最重要的基礎，但和解不能光用嘴說，更不是一廂情願。

當前政治生態複雜，兩岸、朝野的信任基礎都還很薄弱，「扁宋二次會」還引發各自支持者的疑慮。揭開和解序幕後，還必須培養和諧氣氛，建立互動機制和法制，循序推展，全力落實。有一顆包容的心，春水自能融冰。

萬古晴空一朝風月

余秋雨訪台，掀起一股閱讀與旅行的風潮。閱讀與旅行本是一體，閱讀是旅行的的腳本，旅行是閱讀的文本。所以陸游說：「紙上得來終覺淺，絕知此事要躬行。」因此，李白將輕舟解纜，去叩問生命的意義；陸游讓毛驢揚蹄，去追查靈魂的呼喊，他們走出家門，卻走進了歷史，走進了自然，走進了生命，每一聲驚呼或悲嘆，都讓後人佇耳聆聽；每一個步履的留痕，都鑄成文學的風景。

人的生命本就是一場旅行，更是一場閱讀。我們在生命的長河中旅行，經歷不同的風景；我們在生命的長卷中閱讀，讀遍不同的故事，在風景與故事中擺盪，生命因而成熟、美好、莊嚴。

《人間福報》將舉辦的「禪宗祖庭巡禮十二日深度之旅」，就是一場閱讀與旅行的心靈饗宴。靈山會上，佛陀拈花，迦葉微笑，這樣的場景千載悠悠，神往遙想，若能佇立現場，生命的浩淼全濃縮到這小小的佇立了。

十二天的足跡，從少林達摩初祖庵、慧可二祖庵、安徽二祖寺、僧璨三祖寺、江西道信四祖寺、弘忍五祖寺、廣東韶關六祖惠能南華寺，一路追蹤禪宗的腳印，將歷史與寺廟一一咀嚼、膜拜、神往；也一路追問著什麼是禪？禪是什麼？

這種追尋多美，已經不只是旅行，而是靈魂的洗滌。

爲了達成這樣的深度與質感，《人間福報》還特別舉辦三場加值講座，今晚第一場由永芸法師主講「萬古晴空、一朝風月」。將步履邁向萬古晴空，讓心靈閱讀一朝風月，這才是旅行與閱讀的眞義。

小手牽大手

功文文教基金會執行董事趙文瑜出版《小手牽大手》一書，並舉行新書發表會，這本書重點在娓娓道出了親子互動的真諦。

生命其實就是一場不斷牽手的過程，小的時候有溫厚的大手牽著我們；成長後我們將手給了別人，也將心給了出去，成了別人的牽手；然後有了自己的小手相牽；總有一天這雙小手變大之後，又會去牽小手，世界就是這般幸福的運轉。最近網路流傳一個故事，一對已結婚十多年的夫妻感情不睦，有天一起搭公車，被各自擠開，丈夫被一層層的人擠著，十分難受，忽然有一隻手悄悄地抓住了他的手，憑感覺他知道那不是妻子的手，因爲妻子的手肯定沒有如此溫熱、柔軟、細膩而動人，他眞希望這車能一直不停地開下去，哪怕到天亮都行。快下車時，他靈光一閃，將自己的名片悄悄塞在那溫暖的小手裡。

車終於到站了，丈夫戀戀不捨地下了車。夫妻橫穿馬路時，一輛摩托車瘋也似地衝了過來，妻子稍稍猶豫了一下，還是用身體撞開丈夫，丈夫抱起渾身是血的妻子跑進醫院，醫生告訴他：「很抱歉，我們無能爲力，但你妻子很愛你，至死都握著你的名片。」

這故事每個人都有不同的解讀，但答案是他們夫妻太久不牽手了。很多人總以爲最珍貴的是失去的或得不到的，其實眞正的幸福就在我們身邊，就是那些值得我們牽的手。

今天回家記得去牽父母的手、妻子的手、孩子的手，帶他們去公園散步，牽手瞬間就有了溫度，幸福在指掌之間，你會發覺自己握住了愛，手牽手成了生命最重要的臍帶。

在心靈的湖邊散步

永芸法師最近出了一本新書《你不用讀書了》，初看書名嚇了一跳，看了書的扉頁才知道，是放下課本去讀人、讀史、讀大自然、讀人生。等到翻完全書，才發現其實生命中最重要的閱讀，是讀自己的內心。

梭羅的名著《湖濱散記》，就是讀自己內心的筆記，他說：「把你視線轉向內心，你將發現，你心中有一千處尚未發現，那末，旅行去。」

永芸法師的這本書就是同樣的沉思，無論是哈佛或鹿野苑，無論是旅行或閱讀，都是在心靈的湖邊散步，用一種生命最純淨的姿態。

我們在學校學習用望遠鏡或顯微鏡考察世界，人們可以看到最微小的物質夸克，可以看到海王星的衛星，卻看不到自己心上的微塵，當人們已經讀懂了世界，卻始終讀不懂自己。

我們很容易糊里糊塗習慣一種生活步調，生命被固定的軌跡所限制。梭羅在湖濱才住了一個星期，就在屋子與湖邊踏出了一條小徑，驚覺原來人們多容易尋著固定的路線前進，失去了尋找夢想方向的能力。

聽天由命，是一種生活的絕望；習以爲常，是一種生命的虛擲。

人們最喜歡用「忙」當藉口，「忙」就是「心亡」，我們愈忙，心中的某一部分正在逐漸死去，給自己一些時間，行到水窮處，坐看雲起時；觀花之生滅，悟生命之無常，這是梭羅去湖濱、永芸去哈佛的原因。

身忙心不忙、富有三千界，你忙嗎?常到心靈的湖邊散散步吧。

大學已死？

國內大學的龍頭台大與師大最近都發生校長甄選風波，誰當校長不是我們所關心的，我們關心的是大學是社會風骨與良心，大學是眞理的殿堂與捍衛者，大學是知識最後的堡壘，絕不能讓政治污染校園，用藍、綠顏色取代知識與眞理，這是大學的死亡。

什麼是「知識份子」？許倬雲認爲要有知識權利帶來的責任感，將知識做爲公器，而非私用。知識份子除了有自我的良心外，也要自許爲社會的良心。

簡單的說，就是以知識爲後盾，能清醒的批判、自覺的反省、深沉的思考，最後將脊椎挺直，嚴肅的面對眞理，做社會的脊樑，以風骨引領社會形成典範。

但是在台大與師大校長風波中，明顯看到意識型態介入，雙方人馬顏色分明，這是象牙塔的崩裂、是學術的自殘、是大學精神的死亡。

傅斯年校長說許這所大學以宇宙的精神，那是一種包容、一種遼闊、一種對眞理的信仰、一種對政治的抗拒。請記住，宇宙是沒有顏色的。

回過頭來看，台灣師大校長黃光彩的任用資格案，校方遴選委員會開了三次會議，教育部遴選委員會議開了兩次會議，竟然都不敢做出決定，知識份子不能服膺眞理，鄉愿，德之賊也。

悅讀「第一家庭」

小學退休老師林隆崎、黃瑞蘭夫婦三年累計借書五千零三本，平均一天借書五本，而獲台北市立圖書館表揚爲「閱讀達人」，打造出閱讀典範的「第一家庭」。

讀到這樣的新聞總是讓人滿心歡喜，更多是羨慕與惆悵。很多人都渴望讀書，但是總用忙做藉口，一再與書失約，讓書寂寞守著書架，只有風偶爾輕輕翻動，揚起一片輕塵。

林家最值得效法的是善用圖書館，以圖書館做自己的書房，他們學孟母三遷，一直逐圖書館而居。

圖書館的書總是無怨無悔深情的等候，等待翻閱、等待借取，生活中的悲喜跌宕，生命中的哀樂得失，都可以在這裡得到平靜與慰藉。

陳義芝先生在主編《閱讀之旅》兩書時，曾引用美國十九世紀女詩人狄瑾蓀的詩：「沒有一艘船能像一本書，也沒有一匹馬能像一頁跳躍的詩行那樣，把人帶往遠方。」什麼樣的遠方？那是一種心靈的遼闊，一種思想的寬廣，一種精神的奔馳，一種情感的悠遊，一種無限的喜悅。

圖書館就是一艘大船、一匹駿馬，將我們的心靈帶往遠方，讓生命的內涵悠遠。

哇！三年借書五千零三本，在驚羨之餘，何妨一起來，將家附近的圖書館做爲自己的大書房，讓閱讀就如空氣一般，自然存在生活中。

嶽麓書院

宋楚瑜訪大陸，在各種熱鬧的官式送往迎來中，昨天前往嶽麓書院，令人眼睛一亮，不禁發思古之幽情。

嶽麓書院是世界上最早的高等學府，清音琅琅的書聲，澎湃洶湧的思潮，已經在嶽麓書院的清溪茂林間迴盪了千年。

嶽鹿書院大門前，矗立刻著「讀聖賢書，所爲何事？」的石頭，這是從朱熹、王陽明、曾國藩一路追問千年的問題，也是今天立足二十一世紀，置身於價值混淆、眞理蒙昧、人心混亂、倫常失序的時代，我們必須大聲問自己的問題，更是台灣知識份子必須回答的問題。在一片哄鬧吵雜中，知識份子有沒有如一縷不絕的清音，從千年前的嶽麓書院，一路激越到今天，在台灣的天空琅琅？

嶽麓書院大門高懸門聯「惟楚有才，於斯爲盛」，得天下英才而教之的豪氣，在這八個大字中吞吐，作家余秋雨先生到嶽麓書院，看到這八個字感慨萬千，只有教育的心血與汗水，才能灌溉出文明的花朵；只有教育的傳播與傳遞，才能傳承與傳代文化，「教育」才是國之根本，不是政治。

走在九曲遊廊、鵝卵石徑，觀瀟湘之雨露、嶽麓之靈氣，綠樹紅花交相輝映，奇石碧水相得益彰，宋楚瑜一行「遠上寒山石徑斜，白雲深處有人家，停車坐愛楓林晚，霜葉紅於二月花」，在嶽麓書院流連，在愛晚亭前遠眺，能無感乎？

文化中國

作家張曉風寫文章談中國人對月亮的概念，準備收錄在新書中，但出版商說，這篇文章會有點麻煩，請她把中國人改成「古人」。還有一次她要開「中國詩詞中的人生情境」的課，也因學校覺得困擾，課名只好改成「古典詩詞」。

這就是當前的台灣，一個可怕而可悲的台灣，連最單純的文化與教育，都被政治迫害，無所逃於天地，這是文字獄，新的白色恐怖。任何的政治主張都應到尊重，但是不要讓意識形態主導文化教育。

雉堞隱隱的長城，樓重殿複的故宮，曾看盡了多少朝代的起伏沉滅、數遍了多少英雄豪傑的盛衰興亡，政治是一時的，文化是久遠的，共產黨不代表中國。中國是李白杜甫的中國、是詩經楚辭的中國、有著孔孟的仁義、莊子的雄奇；有著蘇東坡的豪邁、李清照的委婉；朱熹與陸九淵在這裡吵架、紀曉嵐與和珅在這裡鬥嘴；文化中國，她的身分證上明明記載著千年的二十四史，史記加漢書也不過是她的前傳，怎麼有人以爲五十年的共黨產史就是她的一生？

在台灣，談中國詩詞，竟然有著冷冷清清、悽悽慘慘戚戚的感懷，詩詞守著中國文化，獨自怎生得黑？這次地，怎一個愁字了得？我們在燈火闌珊處尋覓千百年前詩人身影，驀然回首，古今如夢，何曾夢覺，但有舊歡新怨。

唉！物是人非事事休，古今多少事，漁唱起三更。

文學與歷史

國中基測國文科以余光中新詩〈刺秦王〉入題，第一題問「百二斤重的大椎劈空一揮／也不到這暴君的冕頂」，這兩句代表狙擊行動的發展如何？答案是「功敗垂成」；第二題問「這一局陰幢幢的長夜一過／嬴家的棋變輸家的棋」，句中的嬴家指的是誰？指的是秦王之名嬴政的「嬴」，是雙關語。

這個題目意外的難倒了學生，顯示現代學生對歷史的生疏。中國人一向文史不分家，文學家書寫歷史，歷史家本身也在書寫文學。此外，任何一個時代的文學，一定要放在當時的歷史框架中，才能準確的解讀；任何西洋文學，也必須在該國歷史文化的情境中，才能掌握細微。

一部中國文學，就是廣闊的歷史，從先秦至晚清的文學發展到各種文體的特點，不可能自絕於歷史，必須從歷史的流變中，才能找到文學的意義與定位。文學視野站在歷史與文化的肩膀上，才能有著時空意義上的延展和寬闊，文學才得以深邃。

所以，教國文不能不講背景、教國文不能不講時代、教國文不能不講流變、教國文不能不講風氣，學習國文不是只學一些文句名詞、一些句讀章節，掌握歷史，才能了解精神與意義。

國文，是歷史的一個環節與文化的一條鎖鏈，學國文必須要有這樣的認識。

江湖遠、俠士隱

葉洪生與林保淳兩位先生窮五年之功，完成了《台灣武俠小說發展史》，完整紀錄台灣五十年間武俠作家與作品，是第一本台灣武俠列傳。

台灣以前物質不富裕，很多人從武俠小說開始汲取文學養分，展開閱讀之旅；很多人與梁羽生、還珠樓主、臥龍生、司馬翎、諸葛青雲、古龍、東方白、獨孤紅、秦紅、雲中嶽、柳殘陽等人，共度自己的慘綠時代；很多人蹲在狹窄幽暗的租書鋪，等著心中的英雄被打落懸崖修秘笈。

但是武俠小說十年江湖落魄行，剎那間武俠帝國瓦解，只剩金庸一枝獨秀。現在青少年在寬敞有冷氣的大型租書店，看著言情小說，陶醉在廉價而濫情的劇情。

讀書本不必載道，可以休閒，可以輕鬆，上等武俠小說的價值不只劇情，在文筆洗鍊、詩詞豐盈中，歷史掌故藏於字裡行間；此外兒女情長，忠肝義膽，寂寞江湖路，瀟灑走一回，千山獨行，不必相送，讓人讀來胸懷慷慨澎湃，豪情萬丈。

武林小說笑傲江湖日子已經過去，江湖遠、壯志收；俠士隱、劍空吟，但是它在文學排行中，縱然不是少林武當，至少也是青城峨嵋。

梁羽生的「萍蹤俠影錄」卷首詞：「獨立蒼茫每悵然，恩仇一例付雲煙，斷鴻零雁剩殘篇；莫道萍蹤隨逝水，永存俠影在心田，此中心事情誰傳。」正是今天武俠小說的寫照，唉！懷念年少時練功的日子。

卷四

感恩天地開

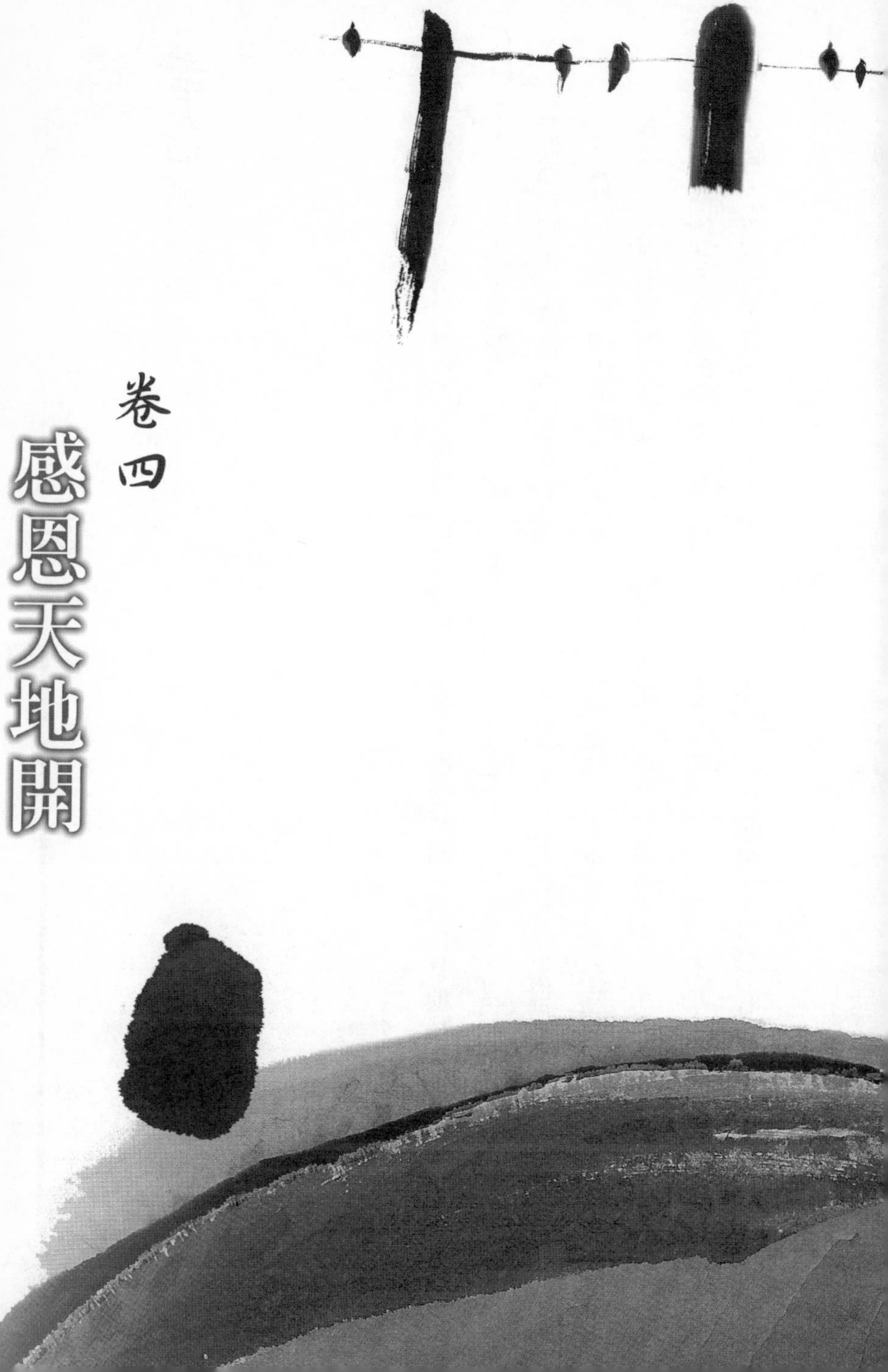

幸福願望

昨天在《人間福報》上看到了「我的幸福願望」徵文新聞，不自禁地陷入沉思。

相信大部分的人在許願時，主要的願望中一定有財富與健康，當我們驚嘆別人：「好幸福哦！」那個人一定是有錢人，用錢來衡量幸福，其實是普世價值。

最近，在網路上看到了幾句話，說：「在四歲時，幸福是不會尿在褲子上；在十二歲時，幸福是有朋友圍繞；在二十歲時，幸福是擁有性生活；在三十五歲時，幸福是賺大錢；在六十歲時，幸福是擁有性生活；在七十歲時，幸福是有朋友圍繞；在八十歲時，幸福是不會尿在褲子上。」這就是人生!?……那麼，人還有什麼好爭的!?

侯文詠曾轉述伊朗導演阿巴斯的一部電影，說有個失意的人爬上一棵櫻桃樹，準備跳下來自殺。有群小學生走過來，小朋友問他可不可以幫採櫻桃？他開始在樹上又跳又搖的，很快地，櫻桃紛紛從樹上掉下來。地面上也聚集了愈來愈多放學的小朋友，全部都興奮快樂地撿食著櫻桃，看到因爲自己的幫忙能讓小朋友快樂，他也開始快樂。他想到了自己小孩，也不禁撿了一些帶回家，小孩歡呼快樂地吃著，他的內心溫情滿溢。突然覺得自殺好蠢，他發覺帶給別人快樂，自己更快樂；你愈和別人分享，自己收穫更多，滋味愈來愈豐富。

這故事中有愛、有分享、有快樂、有幫助，有感恩，這些才是幸福的泉源。

生命、哀號、土石流

阿敏督利颱風遠離，沒想到所引進的旺盛西南氣流卻對台灣造成重災，磊磊土石傾瀉、滾滾濁流奔騰；摧樹傾屋、折橋斷路；山洪暴發、龍捲風作怪；海水倒灌、堤岸潰決；一場風雨竟將台灣折磨成人間煉獄。

對於受災民眾及地區，搶救與安頓爲第一要務，大家應有錢出錢、有力出力。至於一場豪雨造成這麼嚴重的災情，應該檢討的地方太多。台灣的水土保持已經到了臨界點，大地到了容忍的極限，開始進行嚴酷而慘烈的反撲，政府相關單位雖難辭其咎，民間也有濫墾濫伐的責任。人民的生命是無價的，確實需要進行全面且快速的檢討與改進。

這次的颱風更給了我們一個啓示：絕不能掉以輕心。敏督利颱風未來之前，大家都做好準備，緊盯颱風動向，等到颱風登陸後，風小雨點小，大家開始掉以輕心；颱風走後，微風細雨成爲人們雲淡風輕的茶後輕笑。殊不知在輕忽中，颱風尾的西南氣流悄悄來襲，造成重大生命財產損失。

禍常藏在細微的地方，藏在人們輕忽的地方，任何災難都是掉以輕心的結果，而人類是最輕於後悔的動物，爲自己的輕忽而流淚。

生命、哀號、土石流，這樣痛楚的畫面，要如何不再重現，在收拾破碎家園後，大家必須一起來認眞思考。

公主的牢籠

《人間福報》昨天登了一條新聞，讀來非常感慨。白宮的第一女兒們大嘆公主日子不好過，杜魯門的女兒說白宮是「偉大的白色監獄」；福特的女兒說保鏢是「獄卒」，她每天都在策劃逃獄；詹森的女兒更是苦水滿腹。

原來白宮的公主如此痛苦，怪不得當年陳幸妤曾想離家出走。

能做第一女兒，羨煞許多人，但是表面光鮮的鳳凰常是心靈生活的麻雀，鳳凰飛上枝頭後，才發覺高處不勝寒，還不如做一隻揀盡寒枝不肯棲的麻雀。白宮侯門深似海，縱有綺羅香澤，卻難掩怨色。唉！白宮事欲說還休，公主們眉間愁緒，卻早已無計迴避。

愛因斯坦的「相對論」，讓世人明白凡事都是「相對的」，不是坐賓士車的人就一定笑得特別歡樂。但其實，莊子才是最早的「相對論」者。他認為凡事必定相對相生，有生必有死、有始必有終。莊子的這種思想承襲自老子。老子認為「禍兮福之所依、福兮禍之所伏」，所以有無相生、難易相成、長短相較、高下相傾、音聲相和、前後相隨，世上哪一樁事不是相對的？不是都有利有弊？這不也就是星雲大師所說的「一半一半的哲學」嗎？

如果大家在對有錢有名的人羨慕之餘，都能夠有這樣的領悟，才有可能成為展翅高飛的鵬鳥，從名疆利鎖中超脫，讓心昂揚於九萬里，俯瞰濁世，了然於胸。

普通人

李家同接受媒體訪問，要他談談自己，他笑笑：「有什麼好說的？我是一個普通人。」

能接受普通，就是一種不普通；能承認普通，其實就是一種不普通；能明白普通，才成就了不普通。但是很多人都不能明白這一點，所以自以爲不普通的人，其實最普通。

這兩天，台灣一片選舉熱，各式各樣的選舉如火如荼。能出來爲大家服務，是一件好事，但是一定要將自己視爲普通，才不會高高在上，與民眾脫了節。

有些人自以爲不普通，所以選後就將選民的託付忘得一乾二淨，這種人連普通人都不如。

不平凡一定從平凡中開始，知道平凡才進入不平凡的初階。老子說：「知足不辱、知止不殆，可以長久。」擁有這種平凡的心境，才能登入不平凡的聖殿，寧謝紛華甘淡泊，享受眞正快樂的人生。

李家同的女兒也從來不提有個知名老爸。有次，李家同女兒跟同學逛書展，同學興奮地指著李家同的書說：「這個作者我見過，他寫得好棒！」，他女兒淡淡說：「這個作者？我也見過欸。」

因爲懂得普通，所以寵辱不驚、去留無意，出世間於世間。

說聲對不起

今天早上在辦公室與人大吵一架，吵完之後，看到《人間福報》一版頭條介紹英國一個專門道歉的網站，每天有上萬人次登入，眞心誠意道歉，各式各樣的怨恨仇怒，都在這個網站上煙消雲散，而道歉的人都得到心靈的解脫。

錯誤是智慧的課程，錯誤是最好的老師，能夠從錯誤中學習經驗，就是將負債變成了資產。但是先決條件是要承認錯誤，能承擔才能放空，才不會被同一塊石頭絆倒兩次。

星雲大師說，「改變自己最大的力量就是懺悔」，全國人民都來學習說聲對不起吧！呂副總統向原住民說聲對不起，羅太太用特勤車說聲對不起，所有說錯話或做錯事的人都道個歉吧！其實道歉一點都不丟人，反而在莊嚴自己。懂得道歉，懂得說對不起，世上無可怨之人，腹中無難言之隱，才是美好人生。恕己過、萬過生；道個歉、全不欠。

人生最大的敵人是自己，能夠克己就是生命最大的勝利。如果你有吵過架的朋友、有結過怨的同事、有誤會過的家人、有翻過臉的同學，去道個歉吧！說聲對不起，你會發覺沒那麼難，而且對方一定也會善意回應。一念之間，說出口後，如釋重負。我現在就要去道歉，將心頭的包袱丟掉。

堅持

美國海豹部隊是全世界訓練最嚴酷的地方，黛咪摩兒主演的「魔鬼女大兵」就是海豹部隊的眞實寫照。訓練完全自願，只要你受不了，馬上可以退出，敲鐘三下，一切就解脫了。

但要不要敲鐘，是可怕的掙扎與煎熬，是意識的決戰與考驗；敲與不敲，是生命嚴酷的抉擇。

余奎麟上尉創下我國第一位在海豹部隊完訓的紀錄，和他一起受訓的學員共一百二十三位，七個半月中，共有一百一十二人敲鐘，只有十一人完訓，他是其中唯一的外國學員。

海豹部隊最可怕的是「地獄周」訓練，必須連續一百一十二小時不間斷地接受考驗，余奎麟說他好幾次差點挺不過去，痛苦掙扎中，只憑藉一股不服輸意志堅持。

生命其實就是一場堅持的試煉，堅持是一種神通，只要能堅毅不屈，沒有闖不過的「地獄」。堅持來自意志力，強悍的意志力是一種悲心大願的深度開發，這種自我開發，莊嚴了生命，豐富了內涵，人生才有光與熱。

松柏因霜雪而高直，生命中困頓挫折難免，有人失業、有人失戀、有人失意、有人失落、有人榜上無名、有人鬱不得志，想想余上尉吧！學習他在艱困中，用卓絕的意志力堅持，終於得到甜美的果實。這不是神話故事，他可以做到，你的問題比他小多了，又何必去敲鐘呢？

讓

國民黨新的中常會選出後，因為軍方無代表當選，因此拔得頭籌的黃昭順主動向黨中央表示願意放棄中常委；而前青輔會主委李紀珠也表明願意放棄，「讓」黃復興黨部副主委胡才貴遞補。

李紀珠表示，她已被國民黨提名不分區立委，在中常委選舉時就有讓賢之意，她很感激中央委員的支持，但為使國民黨的決策更有效率，願放棄中常委資格，希望支持她的同仁能體諒。

以前為了當選中常委，擠破了頭，各種花招手段都出籠。如今李紀珠與黃昭順的

「讓」，贏了尊敬與掌聲，提升了視野與寬度；視虛名於度外，反而海闊天空。

什麼人最富？知足者富，不知足的人永遠享受不到滿足的快樂。什麼人最貴？給的人最貴，不僅給的愈多收穫愈多，更重要的是在過程中莊嚴了自己。

讓，是心量的測試。「人之心量大，人境自閒；人之心境閒，心術自正；人之心術正，心事自少；心之心事少，心情自樂。」

星雲大師的這幾句菜根譚，正是「讓」的化學方程式，從讓開始，經過心的變化，最後得到自樂的結果。這種心情的化學變化好美，用自己做觸媒，先快樂別人，最後歡笑了自己。

有什麼好爭的？大家一起來享受退一步的歡喜自在吧！

賭，輸光人生

鄭姓男子沉迷賭博，每次積欠賭債都要太太代償，並八次發誓切結保證戒賭，結果一再違誓，爲了怕毒誓應驗，他還兩次改名。因他曾切結「若違誓願孤獨一生」，太太據此訴請離婚勝訴，並取得子女監護權。

中國人是好賭的民族，麻將被稱爲國粹，逢年過節幾乎家家戶戶都開賭；彩券更是人人瘋狂，電視推波助瀾，媒體敲鑼打鼓，賭性一發不可收拾。本來偶一爲之，家人「衛生一番」並無不可，但是賭類似香菸與檳榔，接觸上癮後，就不容易戒掉，所以賭是最可怕的東西。

賭桌是沒有贏家的，太多的人因賭而傾家蕩產，失魂落魄；例如新聞中的鄭姓男子，發誓若再賭願孤獨一生，結果他將自己的一生與家庭輸掉。

如果你以爲自己手氣比別人好，而沾沾自喜，其實這才是大輸。首先，賭博耗時，先輸掉了寶貴的時間；然後，賭博造成精氣神的透支，心狂神迷，又輸掉珍貴的身體；最後，自喜於好運，更輸掉了腳踏實地的本性。「麝因香重身先死，蛾因絲多命早亡。」贏的人才是大輸。

賭海無邊、回頭是岸；在賭海沉浮，終會滅頂。不要浪費「春夏秋冬」在賭桌上、不要賞「梅蘭菊竹」在麻將上，推桌而起，便是人間好時節。

祈願二〇〇六年

今天是今年最後一天，世界也向過去揮手再見。今天有許多熱鬧的跨年晚會，大家都以歡欣快樂的心情，迎接新的一年來臨。

這一年過得並不平安，在總統大選的陰影下，台灣一整年都怒髮衝冠；世界發生了史上最可怕的天災死難，淚水似海、哭聲成嘯。

在這樣一個回顧與前瞻的日子，最適合「祈願」，祈願是發自內在感動最深的表露，是源於對生命向上提昇的善美希望。有願相隨，生命會更加豐盈強盛，即使難免失落的低潮，但只要有願，雖有冰雪風霜，生命仍有開花結果的希望。

從〈佛光祈願文〉中摘錄一段，願大家在今天一起來祈願，讓明年的生命可以圓滿、讓世界的美夢可以成眞、讓災難遠離、讓歡喜常在、讓我們共生而吉祥。

「慈悲偉大的佛陀！今天，一年又過去了，往昔所造的惡業，我要在您的法座前深深懺悔；過去一切的惡行，希望在您的加持下改往修來。

至誠地跪在您的座前，祈求您給我新生，祈求您給我再起。

佛陀！從今以後，我會以眞理阻擋愚癡的邪風，我會以柔和消滅瞋怒的烈火，我會以喜捨對治貪欲的洪流，我會以謙虛剷除驕慢的高山。

慈悲偉大的佛陀！祈求您滿足我衷心的願望。慈悲偉大的佛陀！請您賜給我美好的一年、請您賜給我美好的一年。」

身心靈紓壓

現代人面對最大的壓力是什麼？就是壓力太大。

《人間福報》別出心裁推出紓壓徵文活動，各種千奇百怪的抗壓絕招令人絕倒，但是大部分人抗壓秘訣都是閱讀、休閒、宗教、運動、藝術、參加成長課程或是加入團體等等，這些當然有助於抗壓，但這些只是對抗壓力的方法與手段，如果能釜底抽薪，根本不讓壓力產生，何必方法與手段。

拒絕壓力上身，要由身心兩方面進行。在身體方面，大家都知道要由規律的作息、均衡的飲食、充足的睡眠及適度的運動做起，只要身體均衡，壓力就無法上身。

在心理方面，要明白「理想與現實之間的距離」就是壓力，所以不要只看自己沒有的，要珍惜自己所擁有的，知足惜福就是最好的減壓。

人們總以爲世間最珍貴的是得不到的和失去的，所以拚命去追尋，其實世間眞正最珍貴的，是現在能把握的幸福，是那些一直在自己身邊的人與事。

幸福藏在平凡的地方。所以，讓生活是加法而不是減法，要看正面不看負面。台灣老師改考卷，是計算錯了多少題，每一大題負多少分，最後用一百分來減，這是只看到學生的錯，用的是減法；美國老師是計算對了多少題，每一大題正多少分，再加總在一起，這是看到學生的對，用的是加法。

從零起步，壓力歸零；一百分起步，壓力滿載，道理很簡單，不是嗎？

地瓜的富足

郭台銘最近在接受訪問時，記者突然問他覺不覺得自己是皇帝？郭台銘說：「我不是皇帝，我是地瓜！年終晚會我都是扮地瓜或聖誕老公公，不會扮皇帝，很多報導把我說得太偉大了。父親是公務人員，他給我很好的身教，教我們安貧樂道，不該我們的就不該去拿，我們家從小到大都沒有自己的房子，沒有沙發，最好的是藤椅，但我們不覺得自己貧窮。」

這位台灣首富說：「我一個月花不超過一萬元，現在有手機，我連手表都沒戴，我都用人家晚會送的皮包、手表，用都用不完，我的本性不喜歡去享受。」坐在老舊的藤椅上，卻覺得比別人坐在高級眞皮沙發上還滿足，郭台銘眞的是富翁。

星雲大師常說滿足與歡喜是眞正的財富，富有不是用存摺的數字來衡量，而是健康、智慧、慈悲、感恩。

有錢不滿足，是穿著錦衣的窮人；坐擁許多物質內心卻不歡喜，是精神赤貧者。

最近網路流行一句話：「放開一點、簡單一點、單純一點；集滿三點，就會開心一點哦。」簡單生活不是貧窮，開心就是富有。

以前大家一窩蜂花大錢買昂貴營養品，現在發現最便宜的地瓜才營養，有錢人掀起一股吃地瓜的熱潮。所以，貴不代表有用，好東西常常藏在最便宜的地方，地瓜中藏著哲學。

東西的重要在內涵營養，不在價格，生命也是如此。

何必比？

台灣的媒體幾乎已經變成了量尺，天天在「台灣第一名模」林志玲與「台灣第一美女」蕭薔之間做比較，一定要將兩人量出個高下，比出個勝負。美是不能比的，美千變萬化，每個人都有自己的特色，何必比？其實智慧的女人最美，美麗與智慧是共生的，當一個女人明白以柔和謙卑的態度應世，就展現了無比的美麗。容貌的艷麗會隨著時光流轉消逝，智慧卻會因為年齡增長而更豐盈，智慧才是女人最美的容光。

比較是一場無止盡的競賽，總怕別人比我多，提心吊膽地就怕別人追過自己，於是拚命往上攀爬，愈爬愈覺得前面是無止盡的高峰，總有一天累了，突然覺得一切好沒意義。如果能夠選擇較小的山丘，站在山頂看見天地遼闊，心也就寬廣了起來。

張忠謀常是別人羨慕比較的對象，但他認爲：「人生不要太圓滿，有個缺口讓福氣流向別人是很美的一件事，不須擁有全部的東西。我體認到每個生命都有欠缺，不會再去與人作無謂的比較，反而更能珍惜自己所擁有的一切。」

張忠謀擺脫了比較的包袱，突然發現自己擁有好多。不要嘆息自己沒有林志玲的美貌、不要怨尤沒有蕭薔的艷麗，只要滿足自己擁有的、珍惜自己手中的，這般領悟多美，這樣的妳已經站在土丘頂看見天地寬廣，而林志玲與蕭薔還在辛苦的攀爬高山，隨時緊張的回頭看看有沒有人追上來，好辛苦喔。

心是可極大極小的容器，大得容下他人時，就清晰看見自己的美麗。

清明有感

清明時節思緒紛，路上親人欲斷魂。又是清明，氣象報告說今天陽光普照，各地晴朗。

三百六十五個日子中，總覺得「清明」是最動人的一天。做為節氣，清明在「春分」之後，「穀雨」之前，代表沉睡的嚴冬過去，萬象更新的春天來到，萬物潔淨，空氣清新，風景明麗，正是萬物生機萌發、生氣勃然時節。這樣的春光：「問西樓禁煙何處好？綠野晴天道。馬穿楊柳嘶，人倚鞦韆笑，探鶯花總教春醉倒。」

但是清明做爲節日，又多了一分愼終追遠的感傷。「南北山頭多墓田，清明祭掃各紛然。紙灰飛作白蝴蝶，淚血染成紅杜鵑。」今天各地晴朗，但是冷淚無著處，轉身便成雨，在親人的心靈氣象雲圖上，落著思念的紛紛雨。

清明是生命的哲學課，在生機盎然的明媚春光中，有著雨紛紛的悲戚斷魂；在最適合歡樂賞春的清新明麗踏青中，有著生離死別的悲酸淚。從兩者的生滅，悟生命的無常。日中昃，月盈虧；笑中淚，花中雨；實是空，空最大；吉藏凶，凶藏吉；有興就有廢，有成就有敗。

一個清明節，節氣與節日兩種心境，正是星雲大師提出「順逆各一半」哲思。生亦何歡？死亦何苦？蝸牛角上爭何事？有此一悟，身心清明，智慧清明。

清明，行到水窮處，坐看雲起時，生命也是如此。

素

今天在台北市世界貿易中心展覽二館，舉行「二〇〇五第一屆台北國際素食暨有機產品博覽會」。開幕典禮上，談到吃素的優點。

這在《人間福報》上已經談了很多，特別喜歡「素」這個字，這眞是一個令人淡泊清淨，歡喜自在的字。

素一，代表著純樸；素心，指的是樸素的本心，所以陶潛說：「聞多素心人，樂與數晨夕。」何妨到博覽會會場來，與眾多素心人共度美好時光，彼此「素心正如此，開徑望三益」。

素交，指眞樸耐久的朋友，這種朋友古人也稱爲素友。〈文選．廣絕交論〉中說：「斯賢達之素友，歷萬古而一遇。」那是因爲古代沒有素食博覽會，劉峻才會有此一嘆，到博覽會來，滿屋素交，不必歷萬古而一遇了，大家「清交素友，此景共波」。

素尚，指的是樸素的志節；素位，指的是君子行其所當行。朱熹就說：「言君子但因見在所居之位，而爲其所當爲。」顏氏家訓中提出「素懷」，人人都能有素懷，重素尚，則必能行其所當行了。

最喜歡的是素王與素相，《論衡》說：「孔子之春秋，素王之業也；諸子之傳書，素相之事也。」素王指行王道而不求王位，心中只有正義與人民，無一己之私，所以莊子稱：「玄聖，素王之道也。」以此與政治人物相勉。

這幾天何妨抽空走一趟素食展，沾一身「素」。

夢的解析

「One world，One dream」（同一個世界、同一個夢想），二〇〇八北京奧運口號正式公布。全世界都在做同一個夢想，但這個夢想是什麼呢？如何去實踐呢？

夢眞是美好的一個字，充滿了希望、憧憬、美好、未來，每個人夢寐以求的是美夢成眞，所以人人努力實現夢想。因爲有夢，這個世界才能大步邁前。但是也因爲這個字充滿了魔力，所以常成爲政治搖頭丸，用美麗的話語描繪虛擬的夢幻，結果淪爲政治夢囈，最後成爲夢魘。

「One world，One dream」，北京奧運的夢應該是什麼呢？讓人想起了金恩博士與他的一個夢。金恩博士的夢很簡單，盼人與人能互相尊重，互相包容，盼望每個人皆擁有不可剝奪的生存權利、自由權利、追求個人幸福的權利。

這才是奧運「夢的宣言」。

對個人而言，夢是靈魂的伊甸園；對世界而言，夢是柏拉圖的理想國。

陳總統曾說「有夢最美、希望相隨」，什麼夢最美？夢想人心中充滿愛與關懷、大家慈悲而智慧；用包容化解仇恨、以諒解消弭對立、懷寬宏縫補分裂，這裡是一個相親相愛、手攜手的世界。

這才是台灣「夢的解析」。

「午夜忽夢迴，夢中與君晤；微風正輕吹，星光何燦爛。」雪萊的詩輕柔的寫出了夢的美麗，盼國家與世界都能有夢，都能微風輕吹，星光燦爛。

一生的財富

台灣科技界首富，鴻海集團總裁郭台銘娶媳婦，他在主婚時感性地說：「守正，今天你已長大成人，即將另築新巢，我要送你一生享用不盡的財富。」此話一出，全場屏氣凝神，等看這位身價千億的老爸拿出多大手筆的財產贈予兒子，結果郭台銘說，這一生享用不盡的財富，第一是爺爺取的名字「守正」，做人要正直；第二是奶奶教導的「精明」，但做人要不忘厚道；第三是友情，這是郭家茁壯所依賴的永遠財富。

王永慶也特別贈送「信用」兩字給新人，強調將來做個「誠信之人，有用之人」，一生受用。

什麼是財富？金錢、股票、房地產？郭台銘能夠將正直、厚道、友情，視爲人生用不盡的財富，而不是炫耀滿手的鴻海股票，郭台銘是眞正的富翁，他的富，不是股票、是思想；他的富，不在口袋，在胸襟。

什麼是財富？健康身體是財富、家庭美滿是財富、能夠閱讀享受心靈之美是財富、半夜有人替你蓋棉被是財富、懂得關懷付出愛，內心慈悲喜樂，才是生命最大的富足呵！

情緒被存摺上的數字所操控、內心被股票指數所牽引，這種人的生命是貧窮的。不要去羨慕郭台銘，只要你瞭解財富的眞義，你可以比郭台銘更富有。

人生的開始

六月是離情依依的季節，一群新生的候鳥，振翅離開學校的枝椏，飛向茫茫社會，有些興奮，更多的惶惑，這一飛，如何沖天？

畢業是人生的開始，這是一場長時間的賽跑，每一個人的未來都充滿了無限的可能，但是起跑的方向必須準確，所以明白自己的特長與實力，了解自己的生涯規劃與理想，以此設定方向，然後勇往直前，一路上才會繁花似錦。千萬不可好高騖遠，成了貪睡的兔子。

畢業是給人的開始，我們受了長時間的學養教育，在這個過程中，不斷的接受父母、老師、學校、社會的給予，多年來一直扮演「受」的角色，現在終於到了能「給」的時候，這是多麼愉快的事情。人的生命，甚至整個社會的運行，其實都是一場「予」與「取」的循環，在予與取的交替中，人我融合，生命圓滿。

畢業是實踐的開始，古人說「讀聖賢書，所學何事？」大家十年磨劍，今日要向社會試鋒芒，「實踐」眞是好美的兩個字，給人一股踏實奮發的力量，「實踐」是只問耕耘，享受過程的旅程，但是只要我們努力與堅持，結果如何？時間必然會給我們一個明確的答案。

佛光大學畢業典禮，聽到星雲大師語重心長的勉勵，忍不住寫了這篇短文，與所有的畢業生共勉。

世代交替

「世代交替」這個問題，在台灣已經鬧翻了天，成爲朝野各界熱烈討論的議題。星雲大師昨日在報刊發表「培養接班人　國家才幸福」的專文，這是國內目前對世代交替問題，所提出最精闢的見解，值得政治人物省思。

星雲大師自己對於世間的「名位」，所謂「上台下台」，一向都看成如浮雲一般，你愈能放下，你也才能愈高、愈自在；愈是計較，就是沉重的陰霾。

《佛光菜根譚》說：「前進，固然有道路，回頭，也有一番天地；仰望，固然很遼闊，低首更有三千世界。」所以上台靠運氣，下台靠智慧；而且有下台才有上台，你從從容容的下台，留下風風光光再上台的布局。就算此番下台，再也沒上台的機會，也要讓下台的姿態優雅，揮手的身影動人；如果幕謝了還不肯鞠躬，眷戀掌聲，一直要等到被噓才肯下台，離去的步伐狼狽，這種劇本在台灣的政治舞台一再上演。

提得起，才能放得下；放得下，才能再提起。應讓而不讓，就是戀棧。台灣近來很流行說「捨得」，但是遇到自己的關鍵時刻，就是不捨。難捨能捨，喜捨是內心真正的富足。

在台上的人往往不但不肯交棒給青年，反而給你「當頭一棒」，今天星雲大師的這篇文章，是棒喝，也是「當頭一棒」，盼敲醒在政治權力中迷惘的人。

向星雲大師學說話

馬英九市長發起「不說髒話運動」，看看美國總統大選，不見髒話，這才是民主風範；口不出惡言，才是彬彬君子。說話是很重要的事，說好說能給人歡喜，說髒話卻給人難堪；說美言能讓人得到鼓勵，說粗言則令人傷心。

其實不說髒話還不夠，更進一步要說好話、說對的話、說正確的話。就在馬市長提出呼籲同時，星雲大師從十一月一日起，連續五天在《人間福報》連載「說話」。

十一月一日大師說要：「說歡喜的禪話、說誠實的眞話、說尊敬的美話、說利人的好話。」

十一月二日大師說要：「常作潤澤語、聞者喜悅語、善入人心語、風雅典則語。」

十一月三日大師說要：「對好朋友要說知心話、對普通人要說客氣話、對失意者要說激勵話、對年長者要說誠懇話。」

十一月四日大師說要：「不知而說是不聰明、知而不說是不忠實、想而不說是不坦誠、不說而說是不機智。」

十一月五日大師說要：「爲受窘的人說一句解危的話、爲沮喪的人說一句鼓勵的話、爲疑惑的人說一句點醒的話、爲無助的人說一句支持的話。」

建議馬市長在推動不說髒話運動時，將星雲大師這五篇文章做爲宣導的圭臬，也希望所有對當前粗鄙言語厭煩的人，能將大師這五篇文章咀嚼再三，深信如果社會上能做到大師的期許，整個社會將充滿了香氣，人人的口中都出妙香，這是多美的社會啊。

彩繪冬之美

台灣松下電器公司創辦人洪建全的夫人洪游勉，如今八十八歲，「八十八」是「米壽」，洪家兒孫昨天爲阿嬤舉辦壽宴，並發行一本以洪游勉生活爲主的小書「彩繪冬之美」，分贈親友共享她的人生智慧。

這本書記載了洪游勉生命各階段，從童養媳的堅辛，到蛻變成女企業家的奮鬥人生，被喻爲「台灣版阿信」，讓人看到一位傳奇台灣女性的智慧、包容、豁達。她說：「一人一款命，不能比。」她也常說：「我最富有，也最幸福！」朋友聽了就說：「啊！妳最有錢了。」她說：「不是啦！不是錢的問題，那是因爲大家都對我很好呀！」

讀這本生命的智慧之書，感受到阿嬤的生命時序進入冬季，卻保有春天般美麗心情；人生進程步入晚霞，卻仍綻放出朝陽般的燦爛光芒。是的，年紀大了，她有老花眼，所以「在我眼中，每一個人都很美。因爲我只看到人的優點。」是的，她曾長了腦瘤，但是開刀後，「腦子裡的壞東西都拿掉了！」覺得日日是好日、天天皆開懷。是的，她很多錢，但到現在八十八歲仍自己洗衣服，堅持自己的代誌自己做。

所以如何讓生命之冬美麗動人？不是金錢，而是心情，是懂得生活；只要心情是多彩的，生活是多姿的，就能擁有彩繪的美冬。

卷五 幸福遇見我

相親化學變化

根據《今周刊》與「104人力銀行」最新公布的調查指出，一向被視為白馬王子首選的「竹科人」，竟然覺得「感情生活孤獨」，有高達七成五的高科技人員，在獨處時感到寂寞；有超過四成一的人，目前沒有固定交往對象。但是另一則報導指出，新竹科學園區單身俱樂部每周末的單身聚會，光是預約、候補都已排到八月底，相親熱到不行。

有句話說，相親是「經銷」、戀愛是「直銷」、繡球招親是「圍標」，科技人忙於工作，只好靠「經銷」，但是經銷也有守則。

相親不是一場大眼瞪小眼的尷尬，而是一場美的化學變化，起先是接觸，然後是欣賞，再來是心動，開始有了喜歡，最後滋生愛，這才是完美的化學方程式，千萬不要讓「孫中山」做媒人。

有人說，科技人因爲追求產品完美成了習慣，所以不能容忍不完美。事實上，追求的是對象，不是偶像，要的是感情線，不是生產線，不要因爲自己製造ＩＣ，就讓自己「愛稀」。明白人是有缺憾的，才能有互補的心情，達成彼此的圓滿。

喜歡一個人，是被他的特質所吸引，這個特質不一定很傑出，只要能給人喜歡的感覺，給人依戀的情懷，給人一種擁有的渴望，就夠了。

懷一份期待，圓一個夢想，編織最浪漫的戀情，期待從沒有過的感覺，祝科技人心想事成。

朋友

大學指定考補考前天登場，創下台灣大考兩項新紀錄，一是大學聯招史上首次舉辦補考；一是出現國文與英文作文都以「朋友」爲題的情況。

這樣的作文題目，由災區的孩子來回答，應該感觸很深。問這些災區的孩子們，朋友是什麼？出題老師是有巧思的。朋友是七二風雨中掛念著你的人；朋友是土石流也沖不垮的交情；朋友是悲傷的時候，在一旁默默同行的足跡；朋友是痛苦的時候，一雙溫暖且緊緊相握的手；朋友是你搖搖欲墜時，扶著你肩膀的人；朋友是電暖器，將泡在水中的心解凍。

簡單的說，只有在遭遇災難與痛苦時，才會知道誰是朋友。土石流在屋外狂亂，只要有愛在我們心中奔騰，土石流永遠也沖不垮台灣。

在人生的旅途中，沒有人能不要朋友。朋友像是一盞燈，帶給生命一些亮光，讓人生的路途璀璨；朋友是風雨後的陽光，一種無法言喻的美好感覺。

江美琪有首歌是這樣唱的：「朋友的朋友，我們最後的定位，疏離得讓自己都好想流淚。」問問自己，多久沒與朋友聯絡了？多久沒有一起在安靜的午後喝杯茶了？多久沒去看場電影、多久沒一起瘋過了？甚至已經忘了對方的生日很久了。

打個電話給好久沒聯絡的好朋友吧！談談現況，告訴對方你想他，不要害臊。

再見，憂鬱

十八歲創作小說《日安，憂鬱》馳名文壇，享譽半世紀的法國小說家莎岡去世。

莎岡一生共寫了四十多部小說和戲劇，她在一九五三年寫成的第一本書《日安，憂鬱》，不僅是二十世紀名著之一，也是名垂青史之作。

事實上，《日安，憂鬱》算不上文學巨著，只因在五十年前，她大膽寫出少女的青春與叛逆，寫出無數女孩內心的輕嘆與心聲，博得全球荳蔻年華少女的喜愛，而被改編成電影，唱成歌曲，聲名大噪。

我恨、我愛、我煩、我惱、我憂、我鬱，大人問我爲什麼會這樣，其實我也說不明白，甚至我也不知道自己爲何如此憂鬱，但我的內心就是有這種感覺，連燦爛的日光都蒙上憂鬱的陰影。許多的少女都有這種共同的感覺，莎岡寫出了這種青春少女的情懷。

少女情懷總是詩，爲月憂雲、爲花憂雨、爲才子佳人憂薄命、爲班門口走過酷酷帥哥的目光憂心跳，有一些淡淡的憂、淡淡的惱、摻和輕輕的愁、輕輕的煩，這些都是青春的一部分。

生命中有這些情愫相伴，其實是成長的一部分，逐漸長大之後，回首會啞然失笑，那些憂與愁早已雲淡風輕，徒留青澀的回憶。在「日安，憂鬱」後，能夠灑脫的「再見，憂鬱」，才算向青春交出了美麗的人生試卷。

再見，莎岡；再見，憂鬱。

愛老虎油

今天是教師節，也是中秋節，兩大節日在同一天，極有意思。

千古以來，詩人墨客都用「月圓」與「月缺」來比喻「悲歡離合」。李白的「床前明月光，疑是地上霜；舉頭望明月，低頭思故鄉。」千古絕唱，童子能吟，客居他鄉的遊子，總是以月來寄託深情。

月圓人團圓，每逢佳節倍思親，中秋最重要的意義是團圓，是家的圓滿。「但願人長久，千里共嬋娟」，如果能夠一家人圍坐在一起，或烤肉飲茶、或吃月餅賞月，享受天倫之樂，實在是中秋節最美好的事。

此外，人生除了家庭之外，影響最深的還有學校。父母掬我養我、老師教我導我，在人生的旅途上，父母與老師都是最值得我們感恩的人。今天是教師節，大家應該「海上生明月，天涯共此時，學子遙當年，竟夕憶老師。」

「不應有恨，何事長向別時圓。人有悲歡離合，月有陰晴圓缺，此事古難全。」人生充滿陰晴圓缺，誰也無法扭轉，中秋節帶有淡淡的感傷。但是只要能把握當下，今天讓父母感受到你的「愛老虎油」、向老師表達「愛老虎油」，才能「美景良時年年有，明年此時沒惆悵」。

「天上一輪才捧出，人間萬姓仰頭看。」看什麼？除了看月亮，還要看父母的深愛無限、看老師的師恩浩蕩，今天讓我們都能大聲說出「愛老虎油」（I love you）。

盲目的愛

前陣子剛發生震驚社會亂刀砍殺女友事件，大學校園又發生潑硫酸慘劇，曾經當選「校園美女」的林妤諠，遭到追求的學弟林偉盟潑硫酸毀容。林偉盟今年剛從研究所畢業，正準備申請到美國攻讀博士，一念之間，大好前程毀於一旦。

愛情是世界上最不可捉摸的東西，你最愛的，往往沒有選擇你；最愛你的，往往不是你最愛的；而最長久的，偏偏不是你最愛也不是最愛你的，但這正是愛情迷人的地方。

喜歡星星，雖不可能摘下來放在懷中，但星光的燦爛仍可輝煌你的生命。所以，愛一個人卻得不到她，可以用另一種方式擁有，讓她成為生命中最美的回憶。

每個人都有這樣的經驗，曾經在生命的角落，不經意遇上了喜歡的人，雖然最後沒能擁有，但曾經有過交會，在那一瞬間，帶著愛與祝福擦肩而過，剎那就是永恆，生命的色彩繽紛，這就夠了。看過《麥迪遜之橋》嗎？那種懂得放手、懂得成全、懂得祝福，噙淚說再見，將妳放在心中含笑的愛，多麼動人。

愛情的目的不在擁有，而在祝福。遇到一個你愛的人，雖然她沒選擇你，但請心懷感激，因為是她讓你懂得了愛。

選擇你所愛的、愛你所選擇的；祝福你所愛的、成全她所做的選擇。拿刀砍殺、潑硫酸，算哪門子愛？這根本就不懂得愛，也根本沒資格談愛。

師生戀

瓊瑤的小說《窗外》，曾經在台灣引發師生戀的狂潮，江雁容愛上了語文老師，兩人從害怕、拒絕，到毅然接受，那種在道德非議之下的曖昧苦戀，打動許多年輕苦澀的心靈。

教育部決定將明訂準則禁止「師生戀」，因爲師生間存在「權力不均等」關係，有時學生會受迫喪失自主性，也可能在評分、獎懲、錄取各方面，對其他學生不公平，所以「師生戀」應利益迴避。

經由文學的渲染，「師生戀」的詩意浪漫被刻意暈墨，讓學子爲之神往。

站在保護學生的角度，我們不贊成師生戀，因爲老師充滿才情與智慧，流露成熟之美，將學子的心靈輕輕撥動，但這不是感情，是一些愛慕、幾分崇拜、加上被寵愛的喜悅，揉合青春夢幻，混合而成的情緒。畢業之後驀然回眸，看見這般輕舞飛揚的心緒，會啞然失笑，生命就在其中成熟。

此外，師生戀是以懸殊的身分將歡悅的激情置於曖昧焦慮恐懼之中，一種穿透黑夜的掙扎與突圍，一種禁忌與誘惑，一種焦慮與熾熱，揉合成難以抗拒的致命誘惑，心在無力的掙扎中陷了進去，社會是有必要拉她們一把，拉出激情的流沙。

但是，社會也不必刻意的將師生戀妖魔化，更不必要用道德的放大鏡來檢驗，其實道德非議下的曖昧苦戀，就是一種懲罰，至於研究所的師生戀，是否也納入準則，可以再想想。

鏡頭後的愛與美

由香海文化出版陳宏先生所著的《生命之愛——眨眼之間》一書，七月舉行了新書發表會，中國時報記者王遠茂拍了照片，登上了頭版，也拿下了今年卓越新聞攝影獎。

照片的構圖是陳宏先生的小孫女親吻爺爺，後面襯映著由蔡榮豐先生拍攝的佛像。陳宏是知名的攝影家，在大學教授攝影二十年；蔡榮豐也是攝影名家，夫人開設知名的青樺攝影禮服公司。一張照片、兩人入鏡、三位專家，絕妙組合。現在最簡單的數位相機盛行，人人都會照相，但是除了能色彩鮮明活潑、層次分明之外，最重要是能呈現氣韻生動，掌握意境與機趣，展露出渾然深厚的質感，這要眞正放入感情才行。得獎的這張照片，孫女的童稚親吻、爺爺的隱約笑意，詮釋出「生命之愛」的動人氣韻，讓一種人類最深刻的愛，在靜態的照片上鑼鼓喧天了起來。

所以照片不只是一個單純景物的反射呈現。透過透鏡，將物象放大或縮小、用顏色的深淺、明暗的對比、景深的縱橫，呈現一種意趣，由此意趣的安排，感受到心心相印，美就由此產生了。簡單的說，照相機是凹凸透鏡的折射作用，聚焦感光成像。但是一張經過精心安排的攝影作品，往往在折射攝影者的私密心事，挑戰創作者的美感經驗。一張好的照片在展現心靈、舖陳情緒、反映品味，讓觀者與攝影者交心，才是上乘的作品。

更重要的是，攝影不只是學習技巧，而必須要有冷眼熱心。鏡頭後的眼睛要絕對的冷靜，才能顧盼、才能盱衡、才能從容；但是鏡頭後的心肝要熱，熱情奔放才是藝術創造動力的泉源。唯有冷眼熱心，才能從一方小小的觀景器看大千世界，看得透徹、看出趣味、看到美。

情人看刀

台北縣八里鄉邱姓女子因男友移情別戀，自殺兩次都獲救。前晚她又去男友住處頂樓自殺，撞見男友現任黃姓女友，竟持刀抵住黃女頸部，並殺傷黃女左手，被警方移送板橋地檢署偵辦。

海從未枯過、石從未爛過，但是爲愛跳樓或情人看刀，卻天天在媒體社會版上出現，用鮮血向負心漢訴說自己的折磨憔悴。因爲充滿種種無奈，感情才讓人百轉愁腸，明知已沒有了可能，卻又捨不得放手，那是靈魂最深的無奈，悲痛而蒼涼。但是當回頭無路，向前迷濛，在感情路上前後失據時，其實是轉彎的時候到了，縱然轉彎的腳步如此蹣跚，心是如此疼痛，可是多年之後回首，妳會啞然失笑，當年的傷已結成小小的疤，情弦音渺，慶幸自己當年走了出來，更慶幸生命中曾有過這麼美好的邂逅。

所以要感恩生命中的「曾經」，讓我們曾經愛過、付出過、疼痛過、流淚過；有個人曾經一起笑過、瘋過、哭過、歌過；有愛曾經觸碰到靈魂，這就夠了。因爲回憶中有這些曾經，生命才得以豐盈；所謂的曾經，其實就是幸福，擦身而過，其實是一種美。

沙灘太長，要珍藏最初的腳印；書籍太厚，翻開扉頁即成永恆。最真心的情感，是捨得，是成全，是放手。當妳成全了別人，其實是成全了自己，當妳感到一無所有時，愛情才開始海闊天空。

眞正的愛情不是用跳樓或看刀來「生死相許」的。當愛情變質，是揮慧劍而不是舞小刀；斬情絲而不是殺情敵；是一刀兩斷的訣別，而不是情人看刀的濺血，謹以此與正在坎坷情路上徘徊的人共勉。

愛的奇蹟

宜蘭縣羅東公正國小六年級學生長明慧，一天下午快快樂樂騎腳踏車出門，卻被一輛客運公車擦撞，頭部重創；經二十二天的急救搏鬥，雖搶回生命，但是被宣布成爲植物人。

八個月來，她的單親母親廖婉茹從不放棄寶貝女兒，每天在她耳邊唱歌、講笑話、談心事，竟然讓長明慧在母愛中甦醒。

每次讀到這樣的故事，都有怛惻的柔情在心中流動，有歡喜落淚的衝動，有見證深愛的感動。

是否因為母親的呼喚而讓長明慧甦醒，醫學上無法證實，但我們深信母親的呼喚是全世界最美麗的聲音，母親的愛是全世界最神秘的藥方。

從生命初始，我們就從臍帶聆聽母親喜悅的歌聲；醫生雖剪斷臍帶，卻永遠剪不斷我們與母親一生一世的牽連。

母親的心是教堂，因為上帝無法照顧到每個人，就派母親來幫忙；母親的愛是菩薩，慈悲、無私、付出、無悔，這些都是佛法。有佛法就有辦法，長明慧的甦醒，答案全在這裡。

在報上讀這樣的故事，突然想起了自己的母親，一生都給了子女的母親。所以，為人子女者，趁有能力愛的時候、還能給愛的時候、還懂得愛的時候，不要猶豫告訴父母你的愛，讓他們感到你的愛，就像他們從未終止的愛你一樣。去愛吧！去燃燒、去付出、去給予，不要在來不及時，空留百身莫贖、無處申訴的愧悔與傷慟。

愛情與麵包

韓劇「巴黎戀人」在南韓創下新的收視紀錄，現在正在台灣上演，收視也是一路長紅，劇中女主角金晶恩飾演在巴黎留學的窮學生，結識朴新陽飾演的豪門小開後踏入上流社會，這種劇情最容易引人夢想，產生想像與移情作用。最近男女主角應邀來台，掀起熱潮，金晶恩特別表白自己在現實生活中，對嫁入豪門興趣缺缺，她並不喜歡富家子弟，比較欣賞音樂家等有藝術氣質的男生，所以並不想嫁有錢人。

愛情與麵包，一直是千古爭辯的話題。愛情的美麗在於可以觸碰到靈魂，可以咀嚼到幸福，這種觸碰與咀嚼，是內心深處的悸動，聽到自己心跳的節拍。麵包的美麗，在於可以碰觸華屋美服，可以咀嚼山珍海味，這種碰觸與咀嚼，是外在感官的歡愉，聽到自己虛榮的喧嘩。

愛情與麵包兩者兼得，是人生快意事，但若是單選題，到底要肥了肚皮瘦了心靈，還是美了心靈瘦了肚皮？很喜歡金晶恩的答案，愛情其實與麵包的道理是一樣的，眞正的愛情是用深情做酵母，耐心守住火候，烘焙出人生的圓。

不要用金錢去衡量愛情，婚姻如果是座天秤，一端是幸福，另一端就是付出的代價，而幸福藏在靈魂中。婚姻裡最浪漫的部分，不是銀行戶頭的數字，而是相知、相契，然後相許。

首富的貧窮

被媒體稱爲台灣「首富」的郭台銘，他的夫人林淑如病逝，引發一陣新聞熱潮。

一向以不拍照、不受訪聞名的郭台銘，前陣子突然接受媒體的訪問，他說：「我現在覺得自己很貧窮！我沒有時間好好陪家人，父親過世前，我人在國外，接到電話趕回來見他最後一面時，他已經沒回應了。我最快樂的事，就是媽媽親自下碗麵給我吃，我就很滿足很快樂了。」

這就是「首富」的財富觀，能吃媽媽的麵才是富有，失去父親覺得自己好貧乏；那麼現在失去心愛的牽手，郭台銘更窮了。

郭台銘結婚時很窮，卻覺得自己是天下最富有的人。在牽手那瞬間有了溫度，原來富有就是這麼回事，我用愛摟住了妳，幸福在指掌之間，因爲有妳相伴，所以幸福從來沒離開過，感覺從此擁有了世界。現在沒有了妳，竟覺空虛得一無所有，生命赤貧，再多的錢又有什麼用？

何必要羨慕首富，只要身邊有親愛的爸爸相伴，隨時可以吃到老媽煮的麵，有溫暖的柔荑深情相握，這就是富有，讓台灣首富羨慕得要命的富有。

「攜手共白頭，掌心繞指柔，紅塵有妳伴，一生的富有。」有愛、能愛、懂愛，就是富有。

今晚回家對父母、丈夫或妻子及孩子們，告訴他們你的愛，愛不要怕大聲說出來，這才是生命的珍寶，不要怕顯露你的財富。

等到你擁有金錢卻失去了可以分享的人，百身莫贖是生命最深的苦，才發現再大的財產都是隔靴搔癢。

關懷植物人

美國佛羅里達州植物人泰莉的父母決定放棄上訴，讓這宗國際矚目的生命權官司落幕，天主教神父已經爲泰莉進行了臨終儀式。泰莉的官司又喚起國人對台灣植物人王曉明的關心，重讀王曉明的故事，依然讓人心酸落淚。

家中有植物人是一種深沉的痛，王羲之曾書：「痛貫心肝，痛當奈何。」用萬鈞筆力書寫無可奈何的痛，那種完全的無能爲力，正是植物人家屬最深的寫照。

泰莉父母的心酸絕望，王曉明父母的至死方休，都讓人看見天下父母心的痛楚。至愛無悔、至情無怨、至痛無淚，擁有便成永恆，有情就是人間。但是如此漫長的守候，如此絕望的等待，是一場多殘酷的折磨，多殘忍的試鍊，天這麼黑，什麼時候才能看到陽光？

台灣也有許多的植物人，他們的家屬躲在幽暗的角落，孤苦無依的拭淚，數遍欄杆無倚處，只有淚千行。社會有沒有做他們的陽光，帶給他們溫暖？政府有沒有做他們的欄杆，給他們倚靠？我們有沒有伸出援手，給他們支持？

我們喝著可口可樂，讀著泰莉的新聞時，有沒有想過台灣有多少的植物人？

明月在，小樓空；驚聚散，惜飄零。冷淚無著處，轉身便成雨。請珍惜自己健康的身體，請關懷植物人。

老鼠愛大米嗎？

「不管有多少風雨我都會依然陪著你、我想你想著你、不管有多麼的苦、只要能讓你開心我什麼都願意、這樣愛你、我愛你愛著你、就像老鼠愛大米。」這是現在莫名其妙紅遍兩岸三地的「老鼠愛大米」歌詞。現在大陸情侶間最流行的愛語就是「我愛你，就像老鼠愛大米！」

老鼠眞的「愛」大米嗎？北京崇文區前門小學校長顯然有不同的意見，所以宣布將這首歌列爲校園禁歌，引起熱烈討論。貓喜歡吃老鼠，但是貓愛老鼠嗎？你愛吃西瓜，但你「愛」西瓜嗎？

疼是愛的孿生，關懷是愛的牽手，老鼠疼大米，關懷大米嗎？

愛，是一個最純潔、美好、神聖的字眼，千萬不要輕易褻瀆；愛，是一個最無私、奉獻、付出的承諾，不是占有更不是吃掉。「老鼠愛大米」的比喻是對愛的錯置。

很喜歡《麥迪遜之橋》書中的一段話：「在若柏與芬西絲卡之間，他們同樣有著許多責任，有著男女之間最熾熱的情感，但他們也有著中年人的智慧，將這段美麗的曾經化爲永久的溫馨。縱使傷心，卻不傷人；縱使遺憾，卻不後悔！」多麼動人的「縱使傷心，卻不傷人；縱使遺憾，卻不後悔！」這才是愛，一種諒解的溫柔、一種美好的心契、一種過程的純粹、一種無怨的夢迴。

一首歌也許不必如此嚴肅看待，不必道學；一首歌也許不必講究內涵，不必解讀；也許「老鼠」與「大米」是兩個人的暱稱，也許這首歌的背後有個蕩氣迴腸的故事，但是因爲這首歌突然太紅，忍不住想替「愛」正名。

愛如飛鳥

陳宏老師「又」要出書了，今天上午十時將在台北市聯合醫院忠孝院區舉行新書發表會，大家忍不住發出驚嘆，一位身不能動、口不能言的漸凍人，竟然可以一年出一本書，眞是了不起。我們也忍不住要向陳宏夫人致敬，更藉此機會向所有癱瘓病人的家屬致最高敬意，他們用大愛包容病人千瘡百孔的巨痛、以深情化解患者枯索黯敗的苦楚；縱然生命如冷雨，仍能勇敢擦去眼淚，笑迎人生，眞了不起。

陳宏的夫人劉學慧女士，不只看護陳宏，還是陳宏的翻譯機、打字機、閱讀機，今天這本新書，全是劉學慧努力讀著丈夫的眼眸深處，一字一句讀出來的。六年來，讀你千遍也不厭倦，讀你萬遍也不厭倦呵！讀你的感覺像春天，你的眼眸就是我的城堡，劉學慧在丈夫的眼眸深處酩酊，陳宏在太太的唇齒之間微醺，愛情不用言語，愛，在眨眼之間。

眞愛是一種感覺，雖然生病也會覺得幸福；眞愛是一種傳遞，即使不語也會覺得甜蜜；眞愛是一種相守，只要有妳病床也會洋溢美麗。陳宏的新書叫《頑石與飛鳥》，意指陳宏雖身如頑石，但心如飛鳥；但換個角度想，面對身如頑石的丈夫，只有如飛鳥般的愛，才能靜靜地在病榻旁，守候住一生的承諾。

舊約全書說：「賢淑的妻子是丈夫的冠冕。」謹以此文向所有守候在病榻旁、愛如飛鳥的家屬致敬。

拒絕說髒話

馬英九市長發起「拒說髒話運動」，舉雙手贊成。

說話的用詞遣字，代表著一個人的教養，更展現了個人的品味，如果老是說髒話，眞是讓人掩鼻難聞。大家從小就被教導不要說髒話，但是近來台灣說髒話竟然成了時尚，整個社會氣質蕩然，粗魯鄙陋成風，這種言語暴力，是自甘墮落。

經云：「面上無瞋是供養，口裡無瞋出妙香，心中無瞋無價寶，不說妄語是眞常。」所謂「香口沙彌」，因爲他多世不曾妄語，所以他說話時口中都帶著香氣，因此名曰「香口沙彌」。大家爲何不肯出口成香，一定要臭不可聞？

「聖經」中有句話說的眞好：「一句話說得合宜，就如金蘋果在銀網子裡。」說話的人是金蘋果，而聽話的人是銀網子，眞是相得益彰。

孔子最忌巧言令色，又說「巧言失德」，那要如何說話呢？一個「禮」字而已。髒話是一種語言的污染，現在已擴散成了災難，充斥著流氓式的惡罵、形成無理取鬧的噪音。

「四十二章經」說：「仰天而唾，唾不污天，而墮己身；逆風揚塵，塵不至彼，還坌其身。」所以說髒話，其實被污染的是你自己；你的言語暴力，沒有傷人先傷自己，所以大家不但是拒說髒話，還要進一步「說好話」，口出妙香，讓社會充滿馨香吧。

國家圖書館出版品預行編目資料

一頁又人間／馬西屏著.
–初版.–臺北市：香海文化, 2006[民95]
面；　　公分 —（人間世；2）

ISBN 986-7384-39-3(平裝)
1.論叢與雜著

078　　95001584

人間世002

一頁又人間

作者／馬西屏
發行人／慈容法師（吳素真）
主編／蔡孟樺
責任編輯／陳柏蓉
封面書名「人間」題字／星雲大師
封面繪圖／徐畢華
美術編輯／陳柏蓉
出版・發行／香海文化事業有限公司
地址／110台北市信義區松隆路327號9樓
電話／(02) 2748-3302
傳真／(02) 2760-5594
郵撥帳號／19110467　香海文化事業有限公司
http://www.gandha.com.tw
e-mail:gandha@ms34.hinet.net

總經銷／時報文化出版企業股份有限公司
地址／235 台北縣中和市連城路134巷16號
電話／(02)2306-6842
法律顧問／舒建中、毛英富
登記證／局版北市業字第1107號

定價／200元整
ISBN／986-7384-39-3
2006年1月初版一刷